Toni Morrison

rowohlts monographien
begründet von Kurt Kusenberg
herausgegeben von Wolfgang Müller
und Uwe Naumann

Toni Morrison

Dargestellt von Heidi Thomann Tewarson

Rowohlt Taschenbuch Verlag

Umschlagvorderseite: Toni Morrison, 1993
Umschlagrückseite: Umschlag der deutschen Erstausgabe
von «Menschenkind», 1989
König Karl XVI. Gustav von Schweden übergibt Toni Morrison
den Nobelpreis für Literatur, 10. Oktober 1993

Seite 3: Toni Morrison, 1987

Originalausgabe
Veröffentlicht im Rowohlt Taschenbuch Verlag,
Reinbek bei Hamburg, November 2005
Copyright © 2005 by Rowohlt Verlag GmbH,
Reinbek bei Hamburg
Umschlaggestaltung any.way, Hamburg,
nach einem Entwurf von Ivar Bläsi
Redaktionsassistenz Katrin Finkemeier
Reihentypographie Daniel Sauthoff
Layout Gabriele Boekholt
Satz PE Proforma *und* Foundry Sans *PostScript,*
QuarkXPress 4.11
Gesamtherstellung Clausen & Bosse, Leck
Printed in Germany
ISBN 13: 978 3 499 50651 2
ISBN 10: 3 499 50651 3

INHALT

Das Vergangene ist nicht tot; es ist nicht einmal vergangen.
Wir trennen es von uns ab und stellen uns fremd.

> Christa Wolf, Kindheitsmuster (1976)

Der einzige Weg aus der Vergangenheit
in die eigene Zukunft führt über die Erinnerung.

> Doron Rabinovici, Suche nach M. (1997)

Es gibt Vorgänge in unserem Leben, in unserer Geschichte,
in unserem Gedächtnis, die nicht zu nennen, nicht mit Namen
zu erfassen sind. Und dennoch sind sie – ohne Zweifel.

> Esther Dischereit, Übungen jüdisch zu sein (1998)

Einleitende Bemerkungen

Toni Morrison, die erste Afroamerikanerin, die 1993 mit dem Nobelpreis für Literatur ausgezeichnet wurde, gehört heute zu den bedeutendsten Schriftstellern der Welt. Spätestens seit ihrem Roman *Menschenkind* aus dem Jahr 1987 wird sie – neben Namen wie Herman Melville, Mark Twain, William Faulkner oder Ernest Hemingway – zu den großen Vertretern der klassischen amerikanischen Literatur gerechnet. Somit erreichte sie mit ihren Büchern – was dem Werk ihrer Vorgänger Richard Wright, Gwendolyn Brooks, Ralph Ellison, James Baldwin vorenthalten blieb – die Befreiung der afroamerikanischen Literatur aus ihrer randständigen Position als Minderheiten- und Protestliteratur.

Auch Toni Morrison schreibt als Afroamerikanerin aus ebendieser Perspektive und vornehmlich über und für diese Minderheit. Mit jedem ihrer Romane vermittelt sie ein neues Bild vom Leben der Afroamerikaner und ein weiteres Stück ihrer Geschichte, die größtenteils nicht tradiert ist und nach Morrisons Meinung deshalb oft gleichsam erfunden werden muss. Im Roman sieht sie die Kunstform, die sich am besten für die Darstellung der umfassenden Lebensfragen eignet. Was früher der Jazz als heilende und erhaltende Kraft für die schwarze Bevölkerung geleistet habe, müsse – da diese Musik heute der ganzen Welt angehört – der Roman übernehmen.[1] Dabei dienen ihr die schwarzen Jazz-Musiker als ästhetisches Vorbild. Diese spielten ihre höchst komplizierten Improvisationen aufgrund der eigenen schwierigen Kunstregeln und versuchten nie, sich einem weißen Publikum anzupassen, sondern ließen sie von ihren äußerst kritischen schwarzen Zuhörern beurteilen.[2] Die Literatur sollte ähnlich souverän vorgehen und nicht versuchen, die schwarze Wirklichkeit einer (weißen) Leserschaft verständlich zu machen oder sie zu rechtfertigen.

Toni Morrisons Erfolg liegt zu einem großen Teil in ihrem besonderen Schreibverfahren begründet. Überzeugt davon, dass «große» Literatur kulturell zwar lokal, in ihrer Wirkung aber universell ist, lädt sie ihre Leserinnen und Leser in eine fesselnde und äußerst vielschichtige Erzählwelt ein. Zudem verlangt sie von ihnen, dass sie jeweilige erzählerische «Lücken» mit ihren eigenen Erfahrungen und Einsichten ergänzen und so die Geschichten vervollständigen helfen. Alle ihre Erzähltexte leben von dieser Einbeziehung ihrer Leser als Mitschöpfer.

Obwohl Toni Morrison in ihren Romanen die Welt afroamerikanischer Frauen, Männer und Kinder und ihr durch die spezifische Vergangenheit geprägtes Zusammenleben in ihrer Unmittelbarkeit darstellt, spielen Rassenkonflikte und die Auflehnung gegen Diskriminierung keine vordergründige Rolle. Ihr geht es um die bis heute schwer wiegenden Nachwirkungen des Rassismus innerhalb der afroamerikanischen Gesellschaft, die sie in ihren Büchern vor allem als psychologische und emotionale Veranlagungen, als Identitätskrisen in einem oft sehr andersartig anmutenden Wertesystem veranschaulicht.

Die Auseinandersetzung mit dem Rassenproblem, bei Toni Morrison immer nur implizit vorhanden, wurde jedoch in der US-amerikanischen Gesellschaft im Lauf des 20. Jahrhunderts immer dringlicher. Diese Auseinandersetzung begann mit einer zunehmend politisierten und radikalisierten afroamerikanischen Bevölkerung und ihren Führern und gipfelte in der Bürgerrechtsbewegung der 1960er Jahre. Hundert Jahre nach Präsident Lincolns Emanzipationsproklamation erlangte die schwarze Bevölkerung endlich die gesetzliche Gleichstellung. Parallel dazu erfuhr deren soziale und wirtschaftliche Stellung tief greifende Veränderungen. Offensichtlicher Ausdruck dieses sich wandelnden Selbstbewusstseins ist nicht zuletzt die wiederholte Umbenennung: Allein im Laufe von Morrisons Leben hat sich die Namensgebung mehrmals geändert. Während «Neger» und «Farbige» die offiziellen Bezeichnungen in ihrer Kindheit waren, wurde das früher so verpönte «Schwarze» im Gefolge der Bürgerrechtsbewegung legitimiert. Heute wird von vielen das Wort «Afroamerikaner» bevorzugt, obwohl «Schwarze» immer noch sehr gebräuchlich ist. In Toni Morrisons Romanen spiegeln sich diese Veränderungen genau wider.

Doch ist die Rassenfrage in den Vereinigten Staaten auch heute noch keineswegs gelöst. Sie erscheint häufig als Thema in den öffentlichen Diskussionen und wird besonders von den Afroamerikanern selbst angesprochen, da sie noch immer vielschichtigen, wenn auch weniger offensichtlichen Diskriminierungen ausgesetzt sind. Dies gilt auch für die heute berühmte Autorin. In gewisser Hinsicht liest sich ihre Lebensgeschichte als beispielhafte amerikanische Erfolgsstory. Dahinter verbirgt sich jedoch die nüchterne Wirklichkeit, die von Anfang an einen außerordentlichen Einsatz an Mut und Kraft erfordert hatte.

So bleibt der Begriff «race» weiterhin ein wesentlicher Bestandteil des amerikanischen Vokabulars, der, auch wenn er keine wissenschaftliche Gültigkeit besitzt, als wichtige soziale Kategorie fungiert und aus diesem Grund hier etwas eingehender besprochen wird. «Race» bezeichnet die besondere Situation und Geschichte der Afroamerikaner im Unterschied zu anderen ethnischen Minoritäten, die – unter welchen Umständen auch immer – als freiwillige Einwanderer kamen. Nur die Afroamerikaner wurden gegen ihren Willen unter den ungeheuerlichsten Umständen auf den amerikanischen Kontinent verschleppt, dort versklavt und über Generationen hin als minderwertige Arbeitstiere behandelt: ausgenutzt, missbraucht und verachtet. Die Afroamerikaner als eine von vielen ethnischen Gruppen zu betrachten hieße, ihre qualvolle Geschichte und die noch immer bestehenden Benachteiligungen zu verneinen.

In Europa ist heute das Wort «Rasse» tabuisiert, da es so eng mit dem Rassismus der faschistischen Ideologien verknüpft ist. Stattdessen wird die Bezeichnung «ethnische Minderheiten» verwendet, um die neueren Bevölkerungsgruppen mit ihren sprachlichen, religiösen und kulturellen Besonderheiten zu benennen.

In den Vereinigten Staaten existierte jedoch eine demokratische Regierungsform scheinbar widerspruchslos zusammen mit dem undemokratischsten Gesellschaftssystem, der Sklaverei und dem späteren Jim-Crow-System, das die Schwarzen nach einer kurzen hoffnungsvollen Periode wieder in die völlige Rechtlosigkeit drängte. Eine Studie über Leben und Werk Toni Morrisons muss diesen historischen Gegebenheiten Rechnung tragen, darf also den Begriff «Rasse» oder «rassisch», da wo Morrison ihn benutzt, nicht einfach mit «Ethnie» oder «ethnisch» ersetzen.

Toni Morrisons Welterfolg beweist, dass die Beschränkung auf eine Darstellung der afroamerikanischen Wirklichkeit die Bedeutung ihres Werks nicht schmälert. Im Gegenteil, durch ihre erzählerische und visionäre Kraft erschließt die Dichterin in ihren Büchern sowohl den besonderen Reichtum als auch die Brüchigkeit und Gefährdung dieser ihr so tief vertrauten Welt und verleiht ihr universelle Geltung.

Toni Morrisons
Geburtshaus in
Lorain, Ohio

Das Werden einer Schriftstellerin

Herkunft und Studienjahre

Geburtsstadt Lorain, Ohio An der *Lippe des Eriesees*, in der kleinen Industriestadt Lorain im Staate Ohio, ist Chloe Ardelia Wofford – die spätere weltberühmte Toni Morrison – geboren und aufgewachsen.[3] Es war die Zeit der Weltwirtschaftskrise, die sich mit besonderer Schärfe auf die afroamerikanische Bevölkerung auswirkte. Das kleine Holzhaus, in dem Chloe als das zweite von fünf Kindern von Ella Ramah (Willis) und George Wofford am 18. Februar 1931 das Licht der Welt erblickte, stand am Rande und im

George Wofford, Toni Morrisons Vater, als junger Mann, etwa 1928

Ella Ramah Willis, Toni Morrisons Mutter, als Zwanzigjährige im Abschlussjahrbuch der Lorain High School, 1926

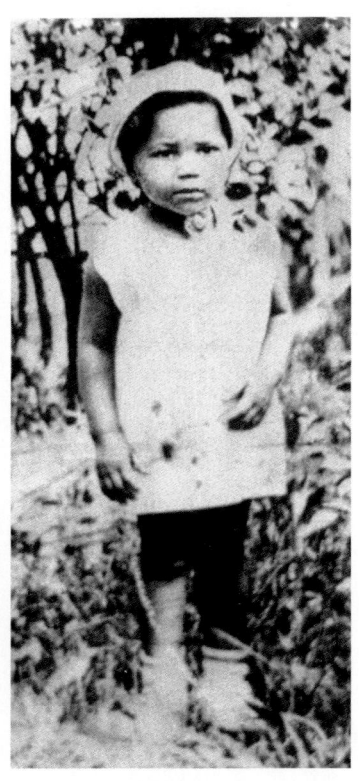

Die zweijährige Chloe Wofford / Toni Morrison

Südteil der Stadt auf derjenigen Straßenseite, an die sich direkt die Eisenbahnlinien, Rangierplätze, Waren- und Kohlenlager und die großen Fabrikgelände anschlossen. Noch weitere acht solcher Häuser sollte die Familie im Laufe der nächsten zwanzig Jahre beziehen.

Im Gegensatz zum Leben in den Südstaaten herrschte in Lorain eine Atmosphäre relativer Freiheit. Die Neger oder Farbigen, wie die offiziellen Bezeichnungen damals lauteten, fanden hier Arbeit und lebten auch nicht abgeschieden in einem Ghetto, wie in den nördlichen Großstädten, sondern mitten in den Arbeitervierteln, deren Bewohner sich ansonsten aus gebürtigen weißen Amerikanern und den neuen Einwanderern aus Osteuropa, Griechenland, Italien und Mexiko zusammensetzten.[4] Doch zwangen Armut und Diskriminierung auch die Tüchtigsten unter ihnen in die unwohnlichsten Quartiere.

In den Worten der zehnjährigen Erzählerin Claudia MacTeer ließ Toni Morrison in ihrem ersten Buch *Sehr blaue Augen*, dessen Handlung in Lorain spielt, diese Atmosphäre der Entbehrung und Benachteiligung wieder erstehen[5]: *Die Schule hat angefangen, und Frieda und ich bekommen neue braune Strümpfe und Lebertran. Die Erwachsenen sprechen in müdem, gereiztem Ton über Zicks Kohlenkompanie und nehmen uns abends mit an die Eisenbahngleise, wo wir die herumliegenden winzigen Kohlenbröckchen in Säcke füllen. Wenn wir später nach Hause gehen und zurückblicken, sehen wir, wie die großen*

Loren mit rotglühender, rauchender Schlacke über der Schlucht am Rande des Stahlwerkes ausgekippt werden. Das verglimmende Feuer erhellt den Himmel mit trüb orangefarbener Glut. Frieda und ich bleiben zurück und starren auf den von Schwärze umgebenen Farbfleck. Es ist unmöglich, nicht zu frösteln, wenn unsere Füße den Kiespfad verlassen und in das dürre Gras der Wiese sinken.

Unser Haus ist alt, kalt und grün. Abends erhellt eine Kerosinlampe das einzige große Zimmer. Die anderen Räume, von Schaben und Mäusen bevölkert, liegen im Dunkel. (SbA, S. 11) Im Gegensatz zu dieser Umgebung und dem Broadway, wo keine Bäume, nur die *schwarzen Telefonmasten* in den bleiernen Himmel ragen, liegen gegen den See zu die *Häuser, die stabiler aussahen, deren Anstrich neuer und deren Verandapfosten gerader waren [...]. Dann kamen Backsteinhäuser, die ein Stück von der Straße zurückgesetzt waren [...].*

Die Häuser am See waren die schönsten. Gartenmöbel, Verzierungen, Fenster wie blanke Brillen und kein Lebenszeichen. Die Hintergärten dieser Häuser senkten sich als grüne Hänge zu einem schmalen Sandstrand hinab, und dann der blaue Eriesee, weit plätschernd bis nach Kanada. Der orangegefleckte Himmel des Industriedistrikts reichte nie bis zu diesem Teil der Stadt. Hier war der Himmel immer blau.

Wir kamen an den Lake Shore-Park, einen schöngelegenen Stadtpark mit Rosenknospen und Springbrunnen, Spielwiesen und Picknicktischchen. Er war jetzt leer, aber in freundlicher Erwartung sauberer, weißer, guterzogener Kinder und Eltern, die im Sommer oberhalb des Sees spielen würden, bevor sie halb stolpernd den Abhang zu dem einladenden Wasser hinunterlaufen würden. Schwarze durften nicht in den Park, und so war er ein Gegenstand unserer Träume. (SbA, S. 83)

Willkommen waren die Farbigen auch im liberaleren Norden nicht, bestenfalls toleriert, denn man brauchte sie als Arbeitskräfte. Oft fühlten sie sich auch bedroht von Hass und Verachtung. Das veranschaulicht ein Vorfall aus dem Leben der Familie Wofford. Als die Eltern einmal die vier Dollar für die monatliche Miete nicht aufbringen konnten – Chloe war etwa zwei Jahre alt –, steckte der Besitzer das Haus in Brand. Weder das Haus noch die kleine Familie, die sich darin aufhielt, schienen ihm auch nur den geringsten Wert zu haben.[6]

Dass ein sensibles und hoch intelligentes Kind in dieser feindseligen Atmosphäre gedeihen konnte, ist erstaunlich. Noch erstaunlicher ist, dass diese kleine hässliche Stadt im amerikanischen Mittelwesten zum Nährboden einer weltberühmten Dichterin werden sollte. Aber Toni Morrison betont immer wieder: *Meine Geschichten haben hier ihren Ursprung.* (Conv, S. 158) Es muss also neben all den negativen Erfahrung auch positive gegeben haben, und außer den Ungerechtigkeiten und Härten auch sittliche Kräfte und menschlichen Reichtum.

Was die Stadt und ihre Geschichte betrifft, so hat Lorain wohl, trotz seiner lieblichen und vorteilhaften Lage am See, nur in der vorindustriellen Zeit seinem schönen Namen Ehre gemacht. Mitte des 19. Jahrhunderts entsprach der Ort noch eher einem Dorf als einer Stadt.[7] Das einzige industrielle Unternehmen war eine kleine Schiffswerft, die einen regen Schiffsverkehr im Hafen und auf dem Eriesee zur Folge hatte. Im Übrigen lebten die etwa sechshundert Einwohner von der Landwirtschaft. Unter ihnen gab es auch drei schwarze Familien, von denen zwei sich mit der «underground railroad» aus der Sklaverei gerettet hatten und die dritte kurz nach dem Bürgerkrieg ebenfalls auf der Suche nach einem besseren Leben in den Norden gekommen war. Diese Wanderungen schwarzer Menschen aus dem Süden in die nördlichen Industriestädte sollten sich in den nächsten hundert Jahren noch mehrmals wiederholen. Sie waren auch in Lorain jedes Mal mit dem Bedarf an Arbeitskräften verbunden: und zwar zunächst um 1890, als die Eisenbahn gebaut wurde; dann wieder

Der Amerikanische Bürgerkrieg (1861–65):
Der Krieg entzündete sich an den wirtschaftlichen, politischen und sozialen Gegensätzen von Norden und Süden. Da in den Nordstaaten die Industrialisierung immer weiter fortschritt, verlangte der Norden vom Süden die Abschaffung der Sklaverei. Die südstaatliche Plantagenwirtschaft war jedoch weitgehend von der billigen Arbeitskraft der Sklaven abhängig, konnte ohne diese nicht weiterbestehen. Deshalb traten elf Südstaaten aus der Union aus und schlossen sich zur Konföderation zusammen. Während der Kampf um die nationale Einheit und die Rechte der einzelnen Bundesstaaten die erste Hälfte des Bürgerkriegs beherrschte, wurde in der zweiten die Sklavenfrage durch die «Emancipation Proclamation» (1862) von Präsident Abraham Lincoln zum eigentlichen Kriegsgrund. Diese erklärte alle Sklaven vom 1. Januar 1863 an – allerdings nur in den Konföderationsstaaten – für frei. Der Krieg wurde unter großen Opfern auf beiden Seiten geführt und gilt als der erste Massenkrieg. Sein wichtiges Ergebnis war die nationale Einheit und die Abschaffung der Sklaverei.

um 1900, als sich Lorain zu einem bedeutenden Industriezentrum entwickelte, mit einem großen Stahlwerk und anderen Metallindustrien sowie der ursprünglichen Schiffswerft, die jetzt mit den größten in der Welt konkurrierte. Eine neue Welle schwarzer Zuwanderer kam während des Ersten Weltkriegs und eine weitere in den zwanziger Jahren, nachdem das Immigrationsgesetz von 1924 der europäischen Einwanderung ein Ende gesetzt hatte.

1930, ein Jahr vor Chloes Geburt, war die Bevölkerung der Stadt auf 44 500 Menschen angestiegen, während die schwarze Gemeinde etwas weniger als tausend Mitglieder umfasste. Als solche war sie zu klein, um je eine Form von Autarkie zu erreichen oder auch nur eine politische oder ökonomische Rolle zu spielen. Man versammelte sich und fand Halt in den schwarzen Kirchen und Logen. Die Kinder gingen zusammen mit den weißen amerikanischen und den neu eingewanderten Gleichaltrigen in die Schule und lernten dort das Wertesystem der herrschenden Kultur. Die Männer fanden Arbeit meist als ungelernte Arbeiter, viel seltener als gelernte oder Facharbeiter in jenen Betrieben, die stolz behaupteten, keinen Unterschied zwischen Farbigen und Weißen zu machen. Einige wenige wurden als Gipser, Tapezierer, Maler, Mechaniker eingestellt; auch ein Versicherungsagent wurde benötigt. Hauswart war eine weitere Möglichkeit, besonders für ältere Männer. Die Frauen wurden fast ausschließlich als Hausangestellte beschäftigt. Waschen war für Mütter mit kleinen Kindern oder Frauen, die zusätzlich noch verdienen mussten, eine Arbeit, die sie zu Hause verrichten konnten. Es gab auch Ausnahmen: Zwei junge Frauen mit Highschool-Abschluss wurden als Fahrstuhlführerinnen eingestellt – wie so oft ein kleiner Fortschritt, der wiederum seine ganz spezifische Entwürdigung beinhaltete, da die beiden für diesen Job ja viel zu qualifiziert waren. In Zeiten der Arbeitslosigkeit und anderer Notsituationen, die nur zu oft und besonders während der Weltwirtschaftskrise vorkamen, half das Rote Kreuz, damals die einzige Wohlfahrtsorganisation, ein wenig aus.

Unabhängige schwarze Unternehmen konnten sich in dieser winzigen und allgemein armen Gemeinde nur notdürftig etablieren und erhalten, da ihre Kundschaft fast ausschließlich aus der eigenen Bevölkerungsgruppe bestand. Es gab 1930 in Lorain vier

Die «**Underground Railroad**», oft auch «freedom train» genannt, ist der Name für ein geheimes und weit verzweigtes Netz von Fluchtwegen, Menschen, Schutzhäusern, Transportmitteln (unter denen es natürlich keine Eisenbahn gab) und einer kodierten Sprache, das seit dem frühen 19. Jahrhundert bis zum Bürgerkrieg den im Norden fliehenden Sklaven behilflich war. Da solche Fluchten mit äußersten Gefahren und großer Mühsal verbunden waren, wurden diese Informationen streng geheim gehalten, sodass auch heute die Zahl der geglückten Fluchten nicht bestimmt werden kann. Zwar war sie nie hoch genug, um die Institution der Sklaverei zu gefährden. Die Metapher des Freiheitszugs und die damit verbundenen Geschichten erfüllten jedoch auch diejenigen Sklaven, die nicht entkommen konnten, mit Hoffnung und die Sklavenhalter mit Sorge. Die berühmteste der Helferinnen war Harriet Tubmann (1826–1913). Sie flüchtete 1849 in den Norden, kehrte dann aber wiederholt unter großer Lebensgefahr in den Süden zurück und führte über dreihundert Menschen in die Freiheit. Sie war unter dem Decknamen Moses, der im Spiritual «Go Down Moses» zu finden ist, bekannt.

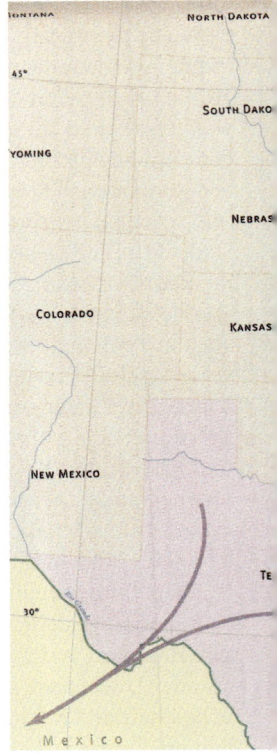

Karte aus Africana, S. 1971

Herrenfriseurläden, drei Umzugsfirmen, zwei Transportfirmen, zwei Pensionen, einen Billardraum mit Restaurant, einen Schneider und, bis 1929, eine Eisdiele, einen Kohlenhändler und zwei Autowerkstätten. Aber diese letzteren, schon einen gewissen Luxus verheißenden Betriebe fielen der Weltwirtschaftskrise zum Opfer. Das bescheidene Ausmaß dieser Unternehmen zeigt sich am Beispiel Porter William Woods, der einen der Herrenfriseurläden führte, im Untergeschoss aber auch den Billardraum und das Restaurant untergebracht hatte. Hier kochten und walteten Woods' Frau und Schwiegermutter; die Kinder halfen ebenfalls

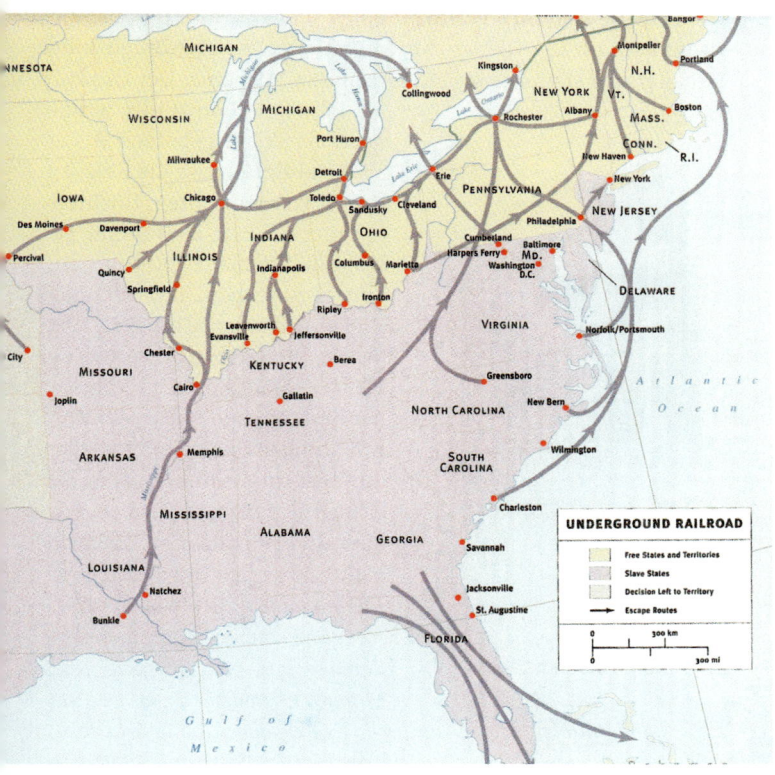

Die weit verzweigten Wege der «Underground Railroad»

überall mit. Die ganze Familie wohnte in fünf Räumen im oberen Stock.[8] Ein Arzt und ein Zahnarzt waren für das Gesundheitswesen der fast tausend Menschen zuständig. Die schwarze Gemeinde war also in fast allen Bereichen – Lebensmittel, Kleidung, Arbeit und Wohnung – von den Weißen abhängig. Und dies bedeutete immer und überall Diskriminierung, Beleidigungen und Erniedrigungen.

Die Familie und ihre Traditionen   Auch die Familie Toni Morrisons kam im Zuge der großen Migrationen in den Norden. Mütterlicherseits stammte sie aus Greenville, Alabama. Der Großva

Der Großvater mütterlicherseits: John Solomon Willis

ter, John Solomon Willis, wurde noch als Sklave geboren.[9] Als er als Kind hörte, dass die Sklaven befreit werden sollten, flüchtete er unter das Bett. Es war eine gewohnheitsgemäße Reaktion auf alle Versprechen, die von den Weißen kamen: Schrecken und der Instinkt, sich in Sicherheit zu bringen. Später erbte er von seiner indianischen Mutter 88 Morgen Land, verlor sie aber wieder durch Rechtskonflikte, gegen die er sich wie so viele andere, erst kurz zuvor emanzipierte Sklaven nicht zu behaupten vermochte. *Er nannte unsre Farm Lincolns Himmel. War winzig. Aber mir kam sie damals groß vor. Ich weiß jetzt, es muß 'ne winzige Farm gewesen sein – hundertfünfzig Morgen vielleicht. Fünfzig haben wir bestellt. Rund achtzig davon waren Wald. Muß ein Vermögen an Eiche und Kiefer dringesteckt haben; vielleicht waren sie darauf aus – auf das Holz, Eiche und Kiefer. Wir hatten einen Teich, der war vier Morgen groß. Und einen Bach, voller Fische. Mitten im Herzen von einem Tal. Schönste Berg, den du je gesehen hast [...].* (SL, S.60)

So oder ähnlich hat Chloe wohl ihren Großvater über seine Farm reden hören. Die Trauer über den Verlust dieses kleinen Stück Landes hat er nie verschmerzt, denn es enthielt den Traum eines bescheidenen, aber freien Lebens, unabhängig von weißen Arbeitgebern. Seine berühmte Enkelin beschreibt ihn als einen erstklassigen Tischler und Farmer, einen Künstler, dazu verurteilt, das Land, das ihm einmal gehört hatte, als Pächter («sharecropper») zu bebauen und seiner Familie Geld zu schicken, das er mit seinem Geigenspiel in der fernen Stadt Birmingham verdiente.

Eine angemessene Arbeit wollte ihm niemand geben. Diese Erfahrungen bewirkten, dass John Solomon Willis, trotz der Befreiung aus der Sklaverei, sein Leben lang Pessimist blieb; seiner Meinung nach hatten die Schwarzen keine Chancen in den Vereinigten Staaten.

Seine Frau Ardelia Willis war optimistischer veranlagt, gestärkt durch einen festen Glauben an Jesus und die Kraft des eigenen Willens. Sie war es, die 1912 die Familie Richtung Norden nach Kentucky führte, da sie merkte, dass ihre heranwachsenden Töchter vor den weißen Bossen nicht mehr sicher waren. Im Dunkel der Nacht verließen Mutter und sieben Kinder das Haus und trafen sich mit dem Vater im Zug, der sie nach Kentucky brachte. Dort versuchten sie ein neues Leben aufzubauen; der Vater fand Arbeit in den Kohlenbergwerken, die Mutter verdiente Geld mit Waschen. Als aber die beiden Mädchen Ella Ramah und Millicent einmal so unvorsichtig waren, der jungen weißen Lehrerin das mehrstellige Dividieren zu erklären, wusste die Mutter, dass sie weiterziehen mussten. Kleine Negermädchen durften nicht mehr wissen als die weiße Lehrerin. So machte sich die Familie wieder auf und erreichte Lorain im Staat Ohio. Hier schloss Ella Ramah 1926 die Oberschule ab.

Die Großmutter Ardelia Willis

Von der Vergangenheit des Vaters George Wofford ist viel weniger bekannt. Toni Morrison weiß davon, spricht aber nicht gern darüber. Als sie einmal in einem Interview eingehender über die entsetzlichen Erlebnisse, die er und seine Familie durchlebt hatten, sprach, versagte das Tonbandgerät. Toni Morrison reagierte mit Erleichterung auf diese Panne und meinte in ihrer etwas abergläubischen Art, dass der Vater eben nicht wollte, dass sie es erzählte, und die Sache in seine Hände genommen hätte.[10] Er war ein Rassist, erklärt Toni Morrison weiter. Als Kind habe er so schockierende Eindrücke von erwachsenen Weißen erhalten, dass er sich für den Rest seines Lebens gerechtfertigt fühlte, sie allesamt zu verachten – die Weißen hingegen hätten kein Recht, ihn zu verachten.[11] So war er voller Misstrauen gegen sie und sprach ihnen alle Menschlichkeit und Moral ab.

George Wofford war, wie sein Schwiegervater John Solomon Willis, ein vielseitig begabter Mann, dessen Talente und Intelligenz aber keine Anwendung fanden. Er wurde 1908 in Carterville, Georgia, geboren und ist dort aufgewachsen. Als Siebzehnjähriger unternahm er 1924 die lange Reise nach Lorain auf der Suche nach Arbeit und einem besseren Leben. Dort arbeitete er 51 Jahre lang als Bauarbeiter, Gelegenheitsarbeiter, Schweißer und Gießer in den verschiedenen Betrieben und Fabriken Lorains.[12] Meist hatte er zwei oder gar drei Jobs zur gleichen Zeit.[13] Seine Arbeit war sein Stolz – eine perfekt geschweißte Naht zeichnete er mit seinem Namen. George Wofford war ein eleganter und selbstbewusster Mann mit einem aufbrausenden Temperament. Gefürchtet hat er niemanden und nichts außer der Arbeitslosigkeit. Die Kinder hielt er ebenfalls zur Arbeit an, um ihnen ihrerseits Selbstbewusstsein beizubringen. Als die dreizehnjährige Chloe sich einmal über die schwere Arbeit und die Gemeinheit der weißen Frau, für die sie putzte, beklagte, meinte der Vater: «Mädchen, du wohnst nicht dort. Du wohnst h i e r. Geh also und tue deine Arbeit, krieg dein Geld und komm nach Hause.»[14]

Neben seinem strengen Arbeitsethos hatte der Vater auch seine geselligen Seiten. Er kannte die unterschiedlichsten Leute, war in Bars und Spielhallen zu Hause, spielte manchmal auch.[15] Im Laufe der Jahre wurde er gesetzter und beteiligte sich aktiv am Gemeindeleben. Als Mitglied der Loge «Christian Star 41» und der «Greater St. Matthew Church» bekleidete er verschiedene Ämter. Er gehörte dem Vorstand der kirchlichen Kreditgenossenschaft an und war Vorsitzender im kirchlichen Bauausschuss.[16] Solche Tätigkeiten waren wichtig, denn obwohl das Wahlrecht der Schwarzen im Norden anerkannt wurde, waren sie doch praktisch von allen bürgerlichen Pflichten und Rechten ausgeschlossen. Nur in ihren eigenen Organisationen konnten sie Ämter bekleiden und sich als verantwortungsvolle Bürger betätigen. Zu Hause galt George Wofford als der beste Geschichtenerzähler. Obwohl die ganze Familie Geschichten erzählte, waren die Gespenstergeschichten des Vaters die beliebtesten, weil sie so aufregend und gruselig waren. Im Vorwort zur Neuausgabe von *Solomons Lied* kommt die Liebe und Bewunderung der preisgekrönten Autorin für den Vater zum Ausdruck. Er hatte zu jedem seiner Kinder eine besondere Beziehung, sodass jedes glaubte, von ihm am meisten geliebt worden zu sein, und sein Tod erfüllte sie alle mit abgrundtiefer Trauer. Inwiefern er die Inspiration für diesen Roman war, lässt Toni Morrison dahingestellt. Sie ist aber sicher, dass der Geist des Vaters über die Tochter wachte und sie beim Schreiben dieses Romans, bei dem sie zum ersten Mal aus der männlichen Perspektive erzählt, führte. Ihm hat sie das Buch gewidmet.[17]

Toni Morrisons Mutter Ella Ramah war, ähnlich wie ihre Mutter Ardelia, bereit, auf menschliche Vernunft und Güte zu setzen. Somit wiederholte sich die weltanschauliche Gegensätzlichkeit der Großeltern bei den Eltern. Während die Männer durch einen tiefen Pessimismus geprägt waren, zeigte sich bei den Frauen ein gewisser Optimismus. Es ging jedoch um unterschiedliche Probleme. Die Großeltern befassten sich noch mit der Frage, wie die Schwarzen ihre Lage verbessern konnten und von welchen Weißen Hilfe und ein bisschen guter Willen zu erwarten sei. Die Eltern hingegen argumentierten über die Möglichkeit einer moralischen Verbesserung der Weißen, denn sie waren sich einig, dass «eigentliche Menschlichkeit» nur bei den Schwarzen zu finden sei.

Ella Ramah, die Gebildetste in der Familie, glaubte wohl am ehesten an die in der Schule vermittelten amerikanischen Ideale. Sie bestand darauf, Probleme zu besprechen, Streitigkeiten zu schlichten und Ungerechtigkeiten zu bekämpfen. An diesen Prinzipien hielt sie ein ganzes Leben fest, trotz unzähliger negativer Erfahrungen (nach denen sie jedes Mal tief verletzt war). Wenn der weiße Gläubiger vor der Tür stand und sie die Rechnung nicht bezahlen konnte, versuchte sie, ihm die Situation zu erklären und ihn mit dem Versprechen einer baldigen Bezahlung zu beruhigen.

Manchmal glückte es ihr. Als die von der Wohlfahrt gelieferten Esswaren verdorben waren, schrieb sie einen Protestbrief an Präsident Roosevelt. Vor allem aber setzte sie unbedingtes Vertrauen in ihre Kinder. Sie hielt sie für außerordentlich begabt und war sich früh schon Chloes besonderer Intelligenz bewusst. Die Wofford-Kinder wurden also nicht nur vom Vater in ihrem Selbstbewusstsein gefördert und gestärkt, sondern ebenso von der Mutter.

Auch Ella Ramah liebte Geschichten und Märchen, die sie ihren Kindern erzählte oder vorlas, oder sie rezitierte Gedichte, die sie in der Schule gelernt hatte, wie etwa «Der Mitternachtsritt des Paul Revere» von Henry Wadsworth Longfellow. Und manchmal, wenn sie die alten Storys satt hatte, erfand sie selber Geschichten.[18] Ella Ramah konnte, wie Mrs. MacTeer in *Sehr blaue Augen*, stundenlang singen. Sie sang Opernarien, populäre und sentimentale Lieder, Jazz, Blues, und sie sang das «Ave Maria». (Conv, S. 284) Es war ihre Art, mit Sorgen, Ärger und Kummer zurechtzukommen.[19] Sie sang auch im Kirchenchor und war, wie ihr Mann, in Kirche und Loge tätig und in verschiedenen Gemeindeorganisationen, wo sie Menschen beistand, die es noch schwerer hatten als sie. Auch dem Einfluss der Mutter gedenkt Toni Morrison rückblickend, und zwar im Zusammenhang mit ihrem Roman *Jazz*. Von ihr hatte sie von klein auf die Schlager der zwanziger Jahre gehört. Dazu kam eine frühe Kindheitserinnerung an einen Koffer mit Kleidern der Mutter und einem perlenbesetzten Abendtäschchen mit Fransen aus jener Zeit. Diese so eng mit der Mutter assoziierte Atmosphäre wollte Toni Morrison im Roman erstehen lassen, wobei der Jazz nicht nur Schmuck und Hintergrund sein, sondern die Struktur des Werkes bestimmen sollte.[20]

Armut und Entbehrungen gehörten somit zu den wesentlichen Kindheitserfahrungen Chloes. Doch ebenso prägend waren die durch die Erwachsenen vermittelten sittlichen Werte sowie das unter ihnen herrschende Solidaritätsgefühl und die gegenseitige Achtung. Rückblickend beschrieb Toni Morrison die Beziehungen in der Familie wie folgt: *Ich weiß, meine Mutter und mein Vater, meine Großmutter und mein Großvater und die Leute, die um uns herum lebten, sie dachten, dass das, was sie taten, wichtig war. Ich weiß nicht, ob sie einander «liebten» oder nicht, aber sie sorgten sorgfältig füreinander, und es war etwas Klares und Gemeinschaftliches in allem, was sie taten. Sie arbeiteten zusammen. Manchmal beklagten sie sich, aber sie wussten immer, dass es etwas Grundsätzliches gab, das größer war als sie […]. Es hatte mit dem Großziehen der Kinder zu tun und damit, dass sie moralisch gefestigte Menschen waren.* (Conv, S. 72) Die Kinder hatten ebenfalls spezielle Pflichten. Als der Großvater alt und senil wurde und oft nicht mehr nach Hause fand, war es die Aufgabe der Kinder, ihn zu suchen und zurückzuführen. Und als die Großmutter im Sterben lag, wurde Chloe dazu bestimmt, ihr aus der Bibel vorzulesen. (Conv, S. 104 f.) Die Familie war tief religiös und hat, wie Toni Morrison später betonte, die Bibel nicht nur gelesen, sondern sie buchstäblich gelebt. Die Bibel war demnach, wie damals üblich bei der Mehrzahl der Schwarzen, eine weitere wichtige geistige und sittliche Quelle.

Zu den anderen bestimmenden Eindrücken der heranwachsenden Chloe gehörten die Geschichten, Fabeln, Lieder, die Traumdeutungen der Großmutter, das Geigenspiel des Großvaters. Wenn Eltern, Großeltern, Tanten, Onkel und Kinder sich abends um den Tisch versammelten, führten sie eine Tradition aus der Sklavenzeit und der noch weiter zurückliegenden afrikanischen Vergangenheit fort – die mündliche Erzähltradition. Diese Geschichten waren nicht Eigentum des jeweiligen Erzählers, sondern wurden als Gemeinde- oder Familiengut betrachtet. Jeder durfte sie ausschmücken, verändern oder wiederholen. Und sie eigneten sich dazu, denn sie waren meist sehr schlicht. Sie wurden deshalb immer wieder, in immer neuer Variation erzählt. (Conv, S. 176)

Hier wurde nicht nur Chloes Phantasie angeregt, hier ist die zukünftige Dichterin zur Schule gegangen. Die folkloristischen Elemente, die sie später in ihren Büchern verwendete, wie etwa die Fabel des fliegenden Afrikaners, die zentrale Metapher in *Solomons Lied*, oder diejenige des Teerbabys, die dem gleichnamigen Roman zugrunde liegt, stammen aus diesen frühen Jahren. Die Kunst des Erzählens, den Rhythmus einer Geschichte, wie man Spannung schafft, die starken bildlichen Ausdrücke, die Musik der Sprache, das Schreckliche, Groteske und Phantastische – all dies und viel mehr hat sie von klein auf im Familienkreis gehört. Auch die überlebensgroßen Figuren in ihren Romanen, besonders die weiblichen, gehen auf ihre kindlichen Eindrücke zurück. Diese Frauen, die oft weder schreiben noch lesen gelernt hatten, doch

Die vier-
zehnjährige
Toni
Morrison

durch schieren Mut ihre Familien in die fremden nördlichen Städte führten, besaßen eine Selbständigkeit und Entschlossenheit, die noch die weltberühmte Autorin in Staunen versetzt. Sie bezeichnet sie als Kultur- und Traditionsträgerinnen, eben weil sie so sehr auf sich selbst gestellt waren und sich auch in den schwierigsten Situationen bewährten und ihre Familien durchbrachten. (Conv, S. 140 f.) Diese Frauen verkörperten Beständigkeit und Verlässlichkeit in einer Welt voller Gefahren und Unsicherheiten.

Die Musterschülerin   Mit dem Eintritt in die Schule eröffnete
sich für Chloe eine neue und ganz andere Welt. Es war die der herrschenden weißen Kultur, mit der sie bis dahin nur indirekt und von
weitem in Berührung gekommen war. Hier galt sie als «andersartig», als jemand, der nicht zählte und darum verachtet und jeder-
zeit beleidigt werden konnte. Selbst die neu eingewanderten Kinder, die noch kein Englisch konnten und sich gewiss fremd und
verloren fühlten, begriffen sofort, dass sie doch noch eine Stufe hö-
her standen als dieses farbige Mädchen. So hat Chloe einem Jungen
Englisch beigebracht, und zum Dank schleuderte er ihr dann das
Wort «nigger» ins Gesicht. Morrison berichtet weiter, dass sie das
Haus ihrer weißen Freundin nicht betreten durfte und in den hö-
heren Klassen von den Jungen mit Steinen beworfen wurde. Auch
unter den Lehrern gab es manche, die voller Vorurteile gegen die
farbigen Kinder waren, keine Leistungen von ihnen erwarteten
und sich auch dann nicht um sie kümmerten, wenn sie sich als begabt und wissbegierig erwiesen. Dass Chloe so gute Aufsätze
schrieb, schien nach dem Dafürhalten einiger Lehrer unmöglich;
sie musste sie irgendwo abgeschrieben haben. Doch ließ sie sich
nicht unterkriegen, im Gegenteil, sie war entschlossen, sich in dieser Welt zu bewähren.

Den Erfahrungen des institutionalisierten Rassismus standen
aber auch andere, positive gegenüber: *Ich ging mit weißen Kindern
in die Schule – sie waren meine Freunde. Da gab's keine Ehrfurcht, keine
Furcht. Erst später, als die Sexualität ins Spiel kam [...], erkannte ich, wie
scharf die Linien wirklich gezogen waren. Aber in der ersten Klasse
dachte niemand, dass ich minderwertig sei.*[21] Zu ihren kleinen Freunden zählten Kinder aus griechischen, italienischen und mexikani-
schen Familien, die in den gleichen Arbeitervierteln wohnten;
Chloe lauschte ihren Geschichten und verglich sie mit denen, die
sie zu Hause hörte. (Conv, S. 45) Als sie älter wurde, unterrichtete
sie im Gemeindezentrum die Immigrantenkinder in Englisch. Sie
muss beliebt gewesen sein, denn sie war Mitglied in diversen
Schulclubs und -organisationen.

Als Chloe in die erste Klasse kam, war sie das einzige schwarze Kind, aber sie war auch die Einzige, die schon lesen konnte. So
begann sie ihre schulische Laufbahn mit einem beträchtlichen
Vorteil. Und sie hatte Glück, denn die Lehrerin Esther Hunt er-

kannte und förderte diese begabte Schülerin, indem sie sie beauftragte, anderen beim Lesenlernen zu helfen. Schon mit vier Jahren hatte Chloe die Welt der Bücher entdeckt und in den Erzählungen anderer Trost und Zuflucht gefunden. (Conv, S. 276) Im Laufe der Zeit wurden dann Schul- und Stadtbibliothek zu wichtigen Orten sowohl der Geborgenheit als auch der Abenteuer. Dass Chloe eine Musterschülerin war und blieb, bezeugt, dass es trotz allem auch aufgeschlossene Lehrerinnen und Lehrer gab, die sie in ihrem Lerneifer bestätigten und förderten.

In der Schule mussten die schwarzen Kinder selbstverständlich ein an der weißen Kultur orientiertes Curriculum absolvieren. Zu der Zeit gab es weder Kinder- noch Schulbücher, in denen schwarze Menschen vorkamen. Als sie älter wurde, las Chloe die großen Werke der englischen und europäischen Literatur; neben Shakespeare und Mark Twain liebte sie vor allem die russischen Autoren des 19. Jahrhunderts. Afroamerikanische Autoren waren ihr nicht zugänglich; Richard Wright, Zora Neal Hurston, Langston Hughes und andere las sie erst viel später. Auch im Geschichtsunterricht lernte sie die Geschichte Europas und Amerikas, wie sie von den Weißen erlebt, erlitten und aufgeschrieben worden war. Von einem farbigen Kind und seinen Leuten, von

Der Roman-
schriftsteller
Richard Wright,
1945

Toni Morrison im Abschlussjahrbuch
ihrer Highschool, 1949

Sklaverei, von Afrika, vom Kolonialismus und seinem absehbaren Ende, von alldem war nirgends die Rede.

1949 schloss Chloe Wofford die Oberschule mit Auszeichnung ab, wiederum als einzige afroamerikanische Schülerin, und setzte nun ihre ganze Energie daran, studieren zu dürfen. Noch nie hatte jemand in der Familie eine Universität besucht; es war schon außergewöhnlich, die Oberschule zu absolvieren, wie dies die Mutter, die um ein Jahr ältere Schwester Lois und nun auch Chloe geschafft hatten. Eigentlich sollte sich Chloe Arbeit suchen und zum Familienunterhalt beitragen. Schließlich aber gaben die Eltern nach und ermöglichten der Tochter den Besuch der Howard University.

Als Studentin an der Howard University und Cornell University 1867 in Washington, D. C., mit dem Ziel gegründet, die Bildung der ehemaligen Sklaven zu verbessern, hatte die Howard University im Laufe der Jahrzehnte den Ruf eines erstrangigen Instituts erworben. Damals wurde sie noch ausschließlich von afroamerikanischen Studenten besucht. Von diesen kam eine beträchtliche Anzahl aus der winzigen schwarzen Elite. Und Chloe begegnete hier einem schwarzen Klassendünkel und Rassismus, dem ein von der weißen Welt übernommenes bürgerliches Wertesystem zugrunde lag. Die Studenten wählten ihre Mädchen nach Hautfarbe (je heller, desto besser), Glätte des Haares und Reichtum der Eltern; die Studentinnen waren ihrerseits vor allem auf der Suche nach einer guten Partie.[22] Somit nahm das gesellige Leben einen breiten Raum ein, an dem auch die schöne, hellhäutige und beliebte Chloe teilnahm. Die Perspektiven hatten sich im Laufe der Jahrzehnte verschoben. War das ursprüngliche Ziel der schwarzen Bildungsstätten von aufklärerischen Prinzipien bestimmt gewesen, nämlich aus den unwissenden, geknechteten ehemaligen Sklaven selbständige Menschen zu formen, so ging es jetzt um sozialen Aufstieg und materiellen Erfolg.[23]

Auch das universitäre Curriculum war hier an der weißen Kultur orientiert. Als Chloe einmal vorschlug, in einem Referat die schwarzen Figuren Shakespeares zu untersuchen, erregte dies Befremden. Chloe studierte Englisch als Hauptfach und Altphilologie als Nebenfach. Mit Begeisterung vertiefte sie sich in die großen Werke der Weltliteratur. Nebenbei spielte sie mit bei den Howard University Players, einem von Mitgliedern der Fakultät gegründeten Theaterensemble, das regelmäßig auf Tour ging. Mit diesem bereiste sie den amerikanischen Süden und kam zum ersten Mal in Berührung mit dem Ort ihrer Herkunft. Es waren Erfahrungen und Eindrücke – die besondere Gastlichkeit und Großzügigkeit der schwarzen Menschen, bei denen die Studenten Unterkunft fanden (wenn es kein Hotel oder Restaurant für Nichtweiße gab), die stark duftenden Pflanzen und Bäume, die scharfen Gerichte –, die jahrelang in ihr schlummerten, um dann später in ihren Büchern wieder zu erstehen. (R, S. 5)

Howard schien ihr jedoch nicht die erwartete intellektuelle Atmosphäre zu bieten, die sie weltanschaulich und menschlich

Toni Morrison als Absolventin der Howard University
mit ihrer Mutter, 1953

hätte weiterbringen können.[24] Ob sich Chloe Wofford mehr als andere mit Fragen der eigenen Geschichte und Kultur, der Stellung und Zukunft der Farbigen in Bezug zur weißen Bevölkerung, über Identitätsprobleme beschäftigte, ist ungewiss.

Ebenso ungewiss bleibt der Grund für die Namensänderung – von Chloe in Toni –, die sie zu dieser Zeit vornahm. Möglicherweise liegt er in dem Wunsch begründet, sich von der kleinstädtischen, proletarischen Herkunft zu distanzieren und als zeitgemäße, kultivierte und raffinierte Persönlichkeit zu erscheinen. *Hinterwäldlerisch* und *uninformiert* erschien ihr alles, was von zu Hause in Lorain kam. Diese Menschen hatten ja keine Ahnung von den *wunderbaren Büchern*, die das ganze Denken der jungen Studentin ausfüllten. (Conv, S. 173 f.)

Offiziell war sie noch immer als Chloe Wofford bekannt, und unter diesem Namen schloss sie 1953 ihr Studium an der Howard University ab. Im Herbst desselben Jahres schrieb sie sich als Magisterstudentin in Englisch an der Cornell University ein, wiederum ein erstrangiges, aber vornehmlich von weißen privilegierten Studenten besuchtes Institut. Im September 1955 legte sie ihre Magisterarbeit vor: *Virginia Woolf's and William Faulkner's Treatment of the Alienated.*[25] Die Arbeit ist eine sensible textimmanente Analyse zum Thema der zum Selbstmord führenden Entfremdung bei diesen zwei Autoren der Moderne. Den entfremdeten, vereinzelten, in keinerlei Gemeinschaft mehr eingebundenen Menschen bezeichnet Chloe Wofford als eine paradigmatische Erscheinung des 20. Jahrhunderts – ein Thema, das auch in ihrem Werk große Bedeutung bekommen sollte.

Das begabte schwarze Arbeitermädchen aus Lorain hatte einen langen Weg zurückgelegt, der sie weit von zu Hause fortführte. In den nächsten Jahren würde sie es sich zur Aufgabe machen, Zugang zu den eigenen Traditionen, zur eigenen Geschichte und zur eigenen Kultur zu finden. Die tiefe Bewunderung für die westliche, europäische Literatur verlor sie jedoch nie.

BERUFSLEBEN UND NEUORIENTIERUNG

Als Englischdozentin (1955–64) während der Bürgerrechtsbewegung   Nach Beendigung des Studiums begann für Chloe Wofford ein neuer Lebensabschnitt. Ausgebildet an zwei der besten Universitäten Amerikas, war es nun an ihr, das erworbene Wissen weiterzugeben. Sie unterrichtete zunächst an der Texas Southern University in Houston Englisch, eine Tätigkeit, der sie von Anfang an mit Freude und Erfolg nachkam. Obwohl sie weniger als zwei Jahre dort verbrachte, war diese Zeit im Süden von außerordentlicher Bedeutung, denn hier richtete sie zum ersten Mal ihren Blick auf die afroamerikanische Kultur im weiteren Sinne.

Texas Southern war eine Universität für Schwarze, die sich in vielem von der Howard University unterschied. Ursprünglich als das Houston College for Negroes bekannt, stiftete der Staat Texas 1947 die Gelder für die Gründung einer vollständigen Universität mit einer Vielfalt von Studienbereichen. Außer den traditionellen Geistes- und Naturwissenschaften gab es die Möglichkeit, sich in Pharmakologie, Zahnheilkunde, Journalismus, Pädagogik, Jura, Medizin und anderen Berufen ausbilden zu lassen. Diese Art von nicht-elitärer höherer Bildung war neu für die junge Dozentin. Neu war auch die «Negro History Week», die Tatsache, dass man sich alljährlich eine Woche lang intensiv mit der eigenen, der «Negergeschichte» befasste.

Im Süden gab es zudem eine aktive schwarze Presse, im Gegensatz zu Lorain, wo man sich mit Wochenzeitungen aus anderen Regionen begnügen musste. Dort hatte man nur die Wahl zwischen «Call and Post», dem seit 1915 bestehenden Organ der nahe liegenden Stadt Cleveland, und dem elitären, vor allem an die gut situierten schwarzen Leser gerichteten «Pittsburgh Courier», der seit 1910 als landesweite Ausgabe erschien. In Houston hingegen gab es Tageszeitungen, die über lokale, nationale und internationale Ereignisse aus der Perspektive der schwarzen Amerikaner berichteten. Schwarz sein, gab Toni Morrison viel später zu, war ihr bis dahin als nicht besonders wertvoll erschienen. Nun aber sah sie ihre Familie mit neuen Augen, als Teil eines größeren Ganzen und als Ergebnis einer gemeinsamen Geschichte. Zwar

war sie schon immer stolz auf ihre Familie gewesen, hatte sie jedoch als Ausnahmefall betrachtet, als eine Versammlung besonderer Menschen, die Außergewöhnliches vollbracht hatten. *Ich meine nicht Dinge, mit denen man in der Öffentlichkeit Erfolg hat, sondern einfach die Art, wie sie mit Krisen und lebensbedrohlichen Situationen fertig wurden. Wenn ich später selbst in kritische Situationen geriet, erinnerte ich mich an diese Menschen und ich sagte mir: «Tja, wenn die das damals geschafft haben, dann komme ich jetzt auch zurecht.» [...] Dann begann ich, über all die Bücher, die meine Mutter im Haus hatte [...] und über die unglaublichen Gespräche nachzudenken, die mein Großvater führte, und all die Argumente, die mir nur Kopfweh verursacht hatten, als ich sie damals hörte, bekamen plötzlich eine ganz neue Bedeutung. [...] 1957 oder 1958 begann ich die schwarze Kultur als Thema, als Idee, als Disziplin zu betrachten.* (Conv, S. 174)

Chloe Woffords erwachendes schwarzes Selbstbewusstsein fiel zusammen mit der seit Anfang der fünfziger Jahre immer stärker werdenden neuen Bürgerrechtsbewegung.[26] Der Zweite Weltkrieg hatte nicht nur den Frauen, sondern auch den Afroamerikanern und den ethnischen Minderheiten neue Arbeitsgelegenheiten geboten und somit Hoffnungen auf ein besseres Leben und eine gerechtere Behandlung geweckt. Die Nachkriegszeit erfüllte diese Erwartungen jedoch nicht. Wohl kam es zu einer Reihe von Gerichtsurteilen, die darauf abzielten, die Rassentrennung und damit die Ungleichheit abzubauen. Doch änderte sich dadurch wenig an der allgemein benachteiligten Stellung der schwarzen Bevölkerung und den Gewalttätigkeiten, denen sie von Seiten der Weißen ausgesetzt waren.

Im Süden glich ihr Status dem der Leibeigenen. Dort hatte sich seit den 1870er Jahren das Jim-Crow-System ausgebreitet, das – gründend auf einer Reihe von staatlichen Gesetzen und unterstützt durch den Obersten Gerichtshof – die Unterdrückung der Schwarzen und ihren Ausschluss aus vielen Bereichen des politischen, wirtschaftlichen und gesellschaftlichen Lebens zur Folge hatte. Aber auch im Norden waren ihre Möglichkeiten gering, wie das Beispiel der Familie Wofford zeigt. Dort herrschte de facto Rassendiskriminierung. Folglich verdienten die Schwarzen noch immer bedeutend weniger als die Weißen und waren weiterhin gezwungen, in Elendsquartieren ihre Unterkunft zu suchen.

Die Bürgerrechtsbewegung nährte sich aus einem neuen Selbstbewusstsein der Afroamerikaner und aus gewandelten Vorstellungen über ihren Platz in der amerikanischen Gesellschaft. Lange hatten sie auf Gerechtigkeit gewartet, jetzt waren sie entschlossen, den Kampf abermals und endgültig aufzunehmen, hatten doch viele von ihnen unlängst in Europa unter diskriminierenden Bedingungen im Krieg gegen Hitlers Rassismus ihr Leben aufs Spiel gesetzt. Eine Reihe von positiven Entscheidungen des Obersten Gerichtshofes gründete auf sorgfältig vorbereiteten Fällen, die ihm von Seiten der NAACP (National Association of Colored People, gegründet 1909), der ältesten schwarzen Organisation, vorgelegt wurden. Zu diesen gehörte 1954 die maßgebliche Entscheidung, «Brown gegen die Schulbehörde», in der die Rassentrennung in den Schulen für verfassungswidrig erklärt wurde.

Im Großen und Ganzen war die Bürgerrechtsbewegung jedoch eine von der afroamerikanischen Bevölkerung ausgehende, jahrelang andauernde Protestbewegung, die sich seit den fünfziger Jahren über den ganzen Süden und wenig später auch in den Norden ausdehnte. Soweit ein Anfangsdatum gesetzt werden kann, begann sie 1955 in Montgomery, der Hauptstadt Alabamas, mit einer einfachen Protesthandlung. Die Schneiderin und langjährige Bürgerrechtsaktivistin Rosa Parks setzte sich eines Abends in den für Weiße reservierten vorderen Teil des städtischen Omnibusses und weigerte sich dann, ihren Platz wieder aufzugeben. Sie fand es an der Zeit zu entscheiden, «wann und wie wir endlich unsere Rechte als Menschen bestimmen».

Diese individuelle Aktion wurde von Martin Luther King aufgenommen und führte zum berühmten und erfolgreichen Montgomery-Busboykott und von da zu weiteren organisierten Massenprotesten gegen die Diskriminierung. Schwarze nahmen die Kampagne gegen Omnibuslinien in anderen Städten auf; sie boykottierten die Geschäfte, deren Besitzer rassistischen Organisationen angehörten; sie beteiligten sich an den Registrierungskampagnen schwarzer Wähler und demonstrierten gegen die weiter bestehende Rassentrennung in den Schulen und Universitäten. 1960 begannen vier schwarze Studenten die «Sit-ins», indem sie sich Tag für Tag an die Theken der Schnellrestaurants in Warenhäusern setzten, die nur Weiße bedienten. Innerhalb von zwei

Rosa Parks,
1956

Wochen breitete sich diese Art von Protest auf fünfzehn südliche
Städte aus. 1961 initiierte die im Norden tätige Organisation CORE
(Congress of Racial Equality = Kongress für rassische Gleichheit,
gegründet 1942) die «Freedom Rides» oder Freiheitsfahrten.
Schwarze und Weiße fuhren zusammen in den Süden; es ging darum, die Illegalität der Rassentrennung im interstaatlichen Ver-
kehr in der Praxis zu prüfen.

Während die Schwarzen ihre Proteste unter der Führung Martin Luther Kings nach Gandhis Prinzipien des gewaltlosen Widerstands führten, reagierten die Weißen, wie üblich, mit Gewalt und
Terror. Tausende wurden verhaftet, Männer, Frauen und Kinder,
Alte und Junge, Schwarze und Weiße. Sie wurden mit Polizei-
hunden gehetzt und mit Wasserwerfern gejagt. Sie wurden nie-
dergeschlagen und ermordet. Der Ku-Klux-Klan trat wieder in Erscheinung, und angesehene Bürger der Mittelklasse taten sich in
weißen Bürgerrechtsräten zusammen. Mobs bildeten sich, um den
schwarzen Kindern den Zutritt zu den weißen Schulen und Universitäten zu verwehren. Doch die Bewegung ging weiter, und die

Stimmung wurde militanter. Martin Luther King hielt zwar am Prinzip des gewaltlosen Widerstands fest und leitete zusammen mit anderen gemäßigten Führern im August 1963 den berühmten Marsch nach Washington, an dem 250000 Menschen aus dem ganzen Land teilnahmen. Andere und insbesondere die Jüngeren kamen hingegen zu der Überzeugung, dass der Gewalt mit Gewalt begegnet werden müsse. Zu diesen gehörten die «Black Muslims» (gegründet 1930), das «Studentische Koordinationskomitee für gewaltlosen Widerstand» (SNCC = Students' Non-violent Co-ordinating Committee, gegründet 1960), das jetzt «Black Power» forderte, und die «Black Panthers» (gegründet 1966).

Die zunehmende Militanz und die Bereitschaft, Gewalt auszuüben, waren Zeichen der Verbitterung der schwarzen Bevölkerung. Die Regierung hatte in diesen Jahren zwar Gesetze von historischer Bedeutung verabschiedet, einschließlich des umfassenden Bürgerrechtsgesetzes von 1964 und des Wahlrechtsgesetzes von 1965. Diese blieben jedoch hinter den Erwartungen der Schwarzen zurück, besonders im Norden. Die Gesetze kamen in erster Linie im Süden zur positiven Auswirkung, indem sie rechtlich die Rassentrennung aufhoben. Die Ereignisse in Afrika, wo in den Jahren 1957 bis 1965 36 Kolonien ihre Unabhängigkeit erlangten, blieben den Afroamerikanern nicht verborgen und steigerten ihre Ungeduld. Sie begannen, sich dem eigenen Kulturerbe zuzuwenden und sich mit der eigenen und der Geschichte Afrikas zu befassen. Der «Afrolook» in Kleidung und Frisur kam in Mode, ebenso afrikanische Namen und Feiern wie Kwanza und demonstrative Rituale, wie etwa der Black-Power-Gruß als Ausdruck neuen Selbstbewusstseins.

Chloe Wofford hat diese aufregende und hoffnungsvolle Zeit, in der sich so vieles vorbereitete und veränderte, mit tiefem Interesse verfolgt. Aber ebenso musste sie auch Zeugin der darauf folgenden Schrecken und tiefen Enttäuschungen werden. Ab 1965 kam es in den Ghettos von Los Angeles, Chicago, Cleveland, New York, Newark, Detroit und an vielen anderen Orten zu Rassenkrawallen. Die 1967 von der Regierung berufene Kerner-Kommission führte die Hauptursache für die Gewaltausbrüche auf den weißen Rassismus zurück, der das ganze Leben in Amerika durchdringe. Die Ermordung von Malcolm X fiel in das Jahr 1965. 1968 wurde

Martin Luther King von einem Weißen erschossen. Darauf folgten noch schlimmere und verzweifeltere Rassenkrawalle in über hundert Städten, bei denen die meisten Opfer Schwarze waren. Mit der eskalierenden Gewalt ließ die Sympathie der liberalen Weißen nach. Die «weiße Ordnung» machte ihre Autorität wieder geltend – die Polizei, das FBI und andere Sicherheitsorgane übten ihre oft brutale Macht aus; Gesetze gegen zivile Unruhen und Krawalle wurden verabschiedet und dem Bürgerrechtsgesetz von 1968 beigefügt. Ende der 1960er Jahre hatte die Bürgerrechtsbewegung ihre Stoßkraft größtenteils verloren. Wenn Chloe Wofford auch nicht aktiv an den Protesten und Demonstrationen teilnahm und dem Ruf nach «Black Power» von Anfang an skeptisch gegenüberstand, so hat sich ihr Denken wie das der ganzen schwarzen Bevölkerung in dieser Zeit grundlegend gewandelt. Damals wusste sie wahrscheinlich nur, dass ihre Aufgabe nicht im direkten, politischen Aktivismus lag. Ahnte sie, dass ihre Wirkung indirekter, vermittelnder Art sein würde?

Als 1957 ein Ruf von der Howard University kam, kehrte Chloe Wofford an ihre Alma Mater zurück, wo sie bis 1964 Englisch lehrte. Die ersten Jahre unterrichtete sie Förderkurse für Studenten mit ungenügendem akademischen Niveau. Später übernahm sie dann reguläre Englischkurse. 1962 stieß sie fast zufällig zu einer Gruppe von afroamerikanischen Dichtern, vor allem Lyrikern, zu der einige Zeit lang auch der junge Claude Brown gehörte, der später durch seinen autobiographischen Roman «Manchild in the Promised Land» (1965) weltberühmt wurde. Um an der Gruppe teilzunehmen, wurde nichts weiter verlangt, als dass man etwas Selbstgeschriebenes zu den monatlichen Treffen mitbrachte. Chloe Wofford suchte erst alte Geschichten hervor, die sie seit der Oberschule im Geheimen schrieb, und als sie eines Tages keine mehr hatte, schrieb sie eine neue, von einem Mädchen, das sich blaue Augen wünschte – das Thema ihres ersten Romans. Doch bedeutete diese Arbeit noch keineswegs den Anfang ihrer dichterischen Laufbahn.

Junge militante Schwarze wie Stokely Carmichael, der die Parole «Black Power» berühmt gemacht, und Claude Brown, der seine Professorin angeblich um Hilfe beim Redigieren seines riesigen Manuskripts gebeten hatte, waren zeitweise Studenten bei ihr. Carmichael begann in den frühen sechziger Jahren, sich politisch zu engagieren, als Mitglied von CORE und SNCC in den südlichen Staaten und an der Universität. Die junge Dozentin ließ sich jedoch nicht in den Bann ihrer Studenten ziehen; sie verfolgte ihren eigenen, eher traditionellen Weg.

1958 heiratete sie den Architekten Harold Morrison aus Jamaika, und 1961 folgte die Geburt des ersten Kindes, des Sohnes Harold Ford. Ihre Universitätsstelle gab sie aber erst 1964 auf, als sie das zweite Kind erwartete. Im Sommer jenes Jahres reiste die ganze Familie nach Europa. Doch kehrte Chloe Morrison allein mit dem dreijährigen Sohn zurück und ließ sich bald danach scheiden. Konflikte soll es schon früh in der Ehe gegeben haben. Doch äußert sich die Autorin bis heute nicht ausführlich über Ursachen und Gründe. Sie schreibt aber das Scheitern der Ehe vor allem den unterschiedlichen Geschlechterrollen in Jamaika zu, wo die Frauen ihren Männern sehr untergeordnet seien und nicht daran dächten, ihnen zu widersprechen, während sie selber fortwährend und ungefragt ihre Meinungen und Urteile verkündet habe. (Conv, S. 51)

Stellenlos mit einem Kind und schwanger mit dem zweiten, kehrte sie vorläufig zur eigenen Familie nach Lorain zurück. Dort kam 1964 Slade Kevin zur Welt. Da sich Chloe Morrison nie ein Leben ohne Arbeit vorstellen konnte, zog sie noch im gleichen Jahr mit ihren zwei Kindern nach Syracuse im Staate New York, wo sie in der Textbuchredaktion einer Tochterfirma des Verlags Random House arbeitete.

Auf dem Weg zur Autorschaft Einsam und gebunden wie sie war und vielleicht auch angeregt durch den erneuten Aufenthalt in der Heimatstadt, nahm sie sich abends ihre Geschichte von dem kleinen schwarzen Mädchen, das sich blaue Augen wünscht, wieder vor.

In dieser Zeit wurde Schreiben – genauer: der Prozess des Schreibens und Denkens – für sie lebensnotwendig, war aber weit mehr als Ausdruck eines persönlichen Unglücklichseins. (Conv, S. 44, 89) 1985, in einem sehr offenen Gespräch mit der jüngeren Autorin Gloria Naylor, sprach Toni Morrison von der Krise, in der sie sich damals befand, einer Krise, die nicht nur mit ihrer persönlichen Situation (allein stehende junge Mutter in einer fremden Stadt), sondern ebenso akut mit dem Zeitgeschehen, der sich zunehmend radikalisierenden Bürgerrechtsbewegung, zusammenhing. Ihr war, als ob die Welt sich in eine Richtung bewegte, die sie nicht verstand und in der sie nicht vorkam. Was passierte, handelte nicht von ihr, obwohl man viel Lärm um sie machte, *wie wunderbar* sie sei – *«schwarze Frau, du meine Königin».*[27] Sie konnte aber diesen lauten und großartigen Parolen der jungen Männer weder Glauben noch Vertrauen schenken. *Und so hatte es den Anschein, als zöge die Welt an mir vorbei und ich gehöre nicht dazu. Ich hatte in dieser Welt gelebt, wirklich: gelebt. […] Ich hatte meinen Platz hier gehabt, und irgendwann hatte ich diesen Platz verloren. Ich war für bestimmte Menschen die Mutter, für andere dies, für wieder andere jenes, aber es gab m i c h nicht mehr in dieser Welt. Und ich hielt Ausschau nach diesem toten Mädchen und dachte mir, dass ich von diesem toten Mädchen erzählen könnte, und sei es nur, damit ich es, irgendwo auf dieser Welt, in einer Schublade habe. Es gab dieses Wesen. Ich hatte diese kleine Erzählung früher geschrieben, nur für ein paar Freunde, und nun holte ich sie hervor und fing an, sie auszugestalten. Und alle diese Figuren waren ich selbst. Ich war Pecola, ich war Claudia, ich steckte in jeder meiner Figuren. […] Und ich fing an, mich selbst zu lieben. Ich gewann mich selbst und die Welt zurück – es war eine Offenbarung.* (Conv, S. 198)

Toni Morrison gehörte zwar noch immer nicht zu dieser Welt, doch hatte sie einiges für sich geklärt. Einerseits litt sie an der traditionellen Frauen- und Mutterrolle, die ihr nicht mehr erlaubte, sie selbst zu sein; andererseits konnte sie sich auch nicht für die plötzliche Aufwertung der bisher so verachteten schwarzen Frau begeistern, die in den Slogans der Black-Power-Bewegung propagiert wurde und nicht der Wirklichkeit entsprach. Die persönliche Identitätssuche fiel mit der viel grundsätzlicheren Suche nach jenem toten Mädchen zusammen, das nicht nur für sie nicht, sondern eigentlich für niemanden existierte. Man konnte es zwar sehen, auf der Straße, im Omnibus, aber niemand beachtete es oder schrieb seine Geschichte auf.

Der Weg aus der Krise ergab sich über das Schreiben. Hier kam Toni Morrison wieder zu einem Selbstgefühl. Über diese Gedankengänge fand sie ihre Stimme als Autorin, und zwar die ganz neue Stimme einer afroamerikanischen schreibenden Frau. Ans

Publizieren dachte sie damals noch nicht. Vorerst war sie vollauf mit Schreiben beschäftigt, dieser außerordentlichen Art zu denken und zu fühlen, ohne die sie nicht mehr gewillt war zu leben. Sie arbeitete lange an dem Buch, bis sie den Stil fand, der ihrer Meinung nach dem Leben und der Sprache ihrer Leute entsprach, und als sie es endlich als fertig betrachtete, wurde es von den Verlagen abgelehnt. (Conv, S. 199) *Sehr blaue Augen* erschien erst 1970, sozusagen unter falschem Namen. Mit diesem Namen jedoch sollte sie weltberühmt werden – Toni Morrison.

Wenn Toni Morrison später erklärte, sie hätte Ende der 1950er Jahre begonnen, sich mit der schwarzen Kultur auseinander zu setzen, so schloss dies auch die schwarze Literatur ein. Diese hatte in ihrem Studium keine Beachtung gefunden, und zu Hause hatte sie die afroamerikanische Kultur vor allem als mündlich erzählte erfahren. Dazu kam, dass sie, wie sie selber zugab, wenig Interesse für die Bücher zeigte, die ihre Mutter im Hause hatte, weil sie ganz von der großartigen europäischen Literatur eingenommen war. Nun holte sie nach, was sie vernachlässigt hatte, denn ohne eine intensive Auseinandersetzung mit der schwarzen Literaturtradition wäre die sichere Handhabung der Erzählperspektive, der Figurengestaltung und der Sprache in ihrem Erstlingswerk kaum möglich gewesen. Sie las die Werke der Autoren der unmittelbaren Vergangenheit und Gegenwart: Richard Wrights naturalistischen Roman «Native Son» (1940) und seine Autobiographie «Black Boy» (1945) sowie Ralph Ellisons Meisterwerk «Invisible Man» (1952). Sie vertiefte sich in die Bücher von James Baldwin, dessen Sprache sie bezauberte und von dem sie meinte, er sei fähig, in einem einzigen Satz alle möglichen wider-

Die afroamerikanische Literaturtradition vor dem Bürgerkrieg
Eine gedruckte schwarze Literatur gab es schon seit dem 18. Jahrhundert, natürlich immer unter weißer Schirmherrschaft. Sie bestand vor allem aus von Sklaven geschriebenen religiöser und moralischer Lyrik.
Im 19. Jahrhundert wurde die Sklavenautobiographie zur vorherrschenden Gattung. Tausende erschienen zwischen 1830 und dem Bürgerkrieg, als die Opposition gegen die Sklaverei immer lauter wurde, geschrieben oder diktiert von entflohenen Sklaven, teilweise auch von weißen Abolitionisten. Unter diesen gelang es einigen, besonders Frederick Douglass, William Wells Brown und Henry Bibb, die grausame Sklavenexistenz literarisch überzeugend zu vermitteln.

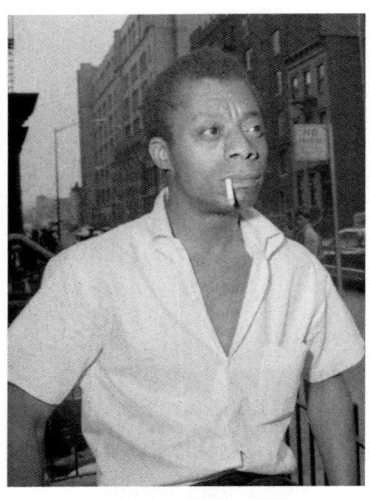

Der Dichter James Baldwin, 1963
in New York

sprüchlichen Gefühle zu klären.[28] Baldwin – Romanschriftsteller, Essayist und Dramatiker – verlor im Gefolge der sich radikalisierenden Bürgerrechtsbewegung seine führende Stellung. Doch Toni Morrison wusste ihn zu schätzen.

Mit anderen wichtigen Autoren hingegen wurde sie erst viel später bekannt. Zora Neal Hurston zum Beispiel, die ihr zum Vorbild hätte werden können, war damals gänzlich in Vergessenheit geraten, obwohl sie bis 1960 lebte. Als stolze, begabte und originelle Frau hatte sie die Kindheit in einer schwarzen Stadt in Florida verbracht, sodass sie ihre Zugehörigkeit zur schwarzen Rasse nicht in der (wie sie es formulierte) ganzen tragischen Reichweite erlebte. Das Folkloristische, die so genannte niedere Kultur der Schwarzen, spielte in ihren Büchern eine wichtige Rolle und sollte auch für die jüngere Autorin sehr bedeutsam werden. Hier hätte sich eine weitere Verbindung zwischen den beiden Dichterinnen ergeben können. Ähnliches gilt für Jean Toomer, einen anderen bedeutenden Vertreter der Harlem-Renaissance. Ihn entdeckte Toni Morrison ebenfalls erst viel später; auch er war ein Verfechter der folkloristischen Perspektive, der sich um eine authentische Dialektdichtung bemühte. Inwiefern er sie in ihrer Idee, dass die Wurzeln der Afroamerikaner im Süden zu finden seien, bestärkte, bleibt ungewiss. (Conv, S. 213 f.)

Im Zusammenhang mit dem Kampf gegen den Kolonialismus wurde in den fünfziger und sechziger Jahren die Aufmerksamkeit der westlichen Leser auf afrikanische Autoren gelenkt. Toni Morrison erwähnt Werke von Camara Laye, Chinua Achebe, Wole Soyinka, Ayi Kwei Armah, Bessie Head und die Texte der Négritude-Bewegung, einschließlich der Schriften von Léopold Sédar

Senghor und Aimé Césaire. Sie fand diese Bücher, die auch beim Wiederlesen zu immer neuen Entdeckungen führten, ungemein anregend. Bei allen Unterschieden erkannte sie gewisse Parallelen zwischen den Anliegen der afrikanischen und der afroamerikanischen Autoren – vor allem *das genaue Wissen, was die feindlichen Mächte sind, nicht in Gestalt von diesem oder jenem Individuum, sondern in der Erkenntnis, dass es einen Lebensentwurf für uns gibt, den sich andere ausgedacht haben, diejenigen, die zur Zeit an der Macht sind; und wir wissen auch, wie wir ihn zersetzen können.* (Conv, S. 228 f.) Diese Autoren, und besonders die psychoanalytisch orientierten der Négritude-Bewegung, beschäftigten sich eingehend mit den verheerenden Folgen, welche die Negierung und Abwertung der eigenen Kultur und Geschichte auf das individuelle und kollektive Bewusstsein der kolonialisierten Menschen hatte. Es war ein Themenkomplex, der, auf den amerikanischen Kontext übertragen, für Toni Morrison eine wesentliche Bedeutung annahm.

Von ihnen lernte sie auch, was von Anfang an in ihren eigenen Büchern angelegt war: dass ein schwarzer Autor nicht verpflichtet ist, seine schwarze Welt zu erklären, zu erläutern oder zu rechtfertigen. Bei weißen Schriftstellern ist es selbstverständlich, dass die Weißen im Mittelpunkt stehen, denn sie bewohnen und beherrschen die Welt auf eine Art, die alles Nicht-Weiße zum «Anderen» macht. Diese afrikanischen Dichter aber sehen ihre schwarze Welt als zentral und die Weißen als das «Andere».[29]

Der Schriftsteller
Ralph Ellison

Das waren genau die Punkte, die sie an Richard Wright und Ralph Ellison auszusetzen hatte – dass auch sie sich bei aller Radikalität noch immer vorwiegend an weiße Leser wendeten und versuchten, ihnen ihre Welt verständlich zu machen. Daraus ergebe sich das Polemische ihrer Werke. *Ich habe mich intensiv mit*

Die afroamerikanische Literatur nach dem amerikanischen Bürgerkrieg (1861–65) brachte weitere außergewöhnliche Afroamerikaner als politische und intellektuelle Führer und Autoren hervor. Neben William Wells Brown (1815–84), der als Autor von Romanen, dem ersten afroamerikanischen Drama und vier historischen Werken (über die Situation der Schwarzen im Süden, ihre Rolle im Bürgerkrieg und über die Schwarzen und Weißen in den Südstaaten) hervortrat, und Frederick Douglass (1817–95), der sein ganzes Leben dem Kampf um Freiheit und Anerkennung widmete und verschiedene politische Ämter bekleidete, gewann William E. DuBois (1868–1963) großen Einfluss. Er studierte an den Universitäten von Harvard und Berlin, erlangte 1895 die Doktorwürde und lehrte Volkswirtschaft und Geschichte an der Atlanta University. Als politischer Führer und Autor von «Die Seele der Schwarzen» (1903) kämpfte er für die volle und unbedingte rassische Gleichheit, gründete 1909 die NAACP und gab deren Organ «The Crisis» heraus. 1962 verließ er enttäuscht Amerika und lebte bis zu seinem Tod in Ghana. Weitere bedeutende Intellektuelle waren der Schriftsteller Charles W. Chestnutt (1858–1932); der Rechtsanwalt, Diplomat, Liedermacher, Journalist, Erzieher und Romanschriftsteller James Weldon Johnson (1871–1938); der Autor und Lyriker Laurence Dunbar (1872–1906), der sich in «Lyrics of a Lowly Life» (1896) und anderen Werken um eine authentische afroamerikanische Dichtung unter Verwendung von folkloristischem Material und Dialekt bemühte.

den Büchern schwarzer Autoren beschäftigt, die sich des Themas [der Lebenswirklichkeit schwarzer Frauen] angenommen hatten. Ich vermisste eine gewisse Vertrautheit, eine Richtung, eine Stimme [...]. Ralph Ellison und Richard Wright – deren Bücher ich alle enorm bewundere –, ich hatte nicht das Gefühl, dass sie m i r etwas sagten. Ich hatte den Eindruck, dass sie etwas über e s [den Stoff] oder u n s aussagten, das [...] anderen, weißen Leuten, Männern, etwas über uns klar machen sollte. Schon was den Stil betrifft, so fehlte mir in der Prosa etwas, das ich sehr deutlich in der Musik und Lyrik schwarzer Künstler spürte. Als ich dann zu schreiben begann, schrieb ich, als gäbe es in der ganzen Welt niemanden außer mir und meinen Romanfiguren, als würde ich zu ihnen – oder uns – sprechen, und schon hatte es einen ganz anderen Klang. (Conv, S. 96) Wenn man also, wie auch die Autorin selber meint, keine direkten Einflüsse nachvollziehen kann, so hat die Lektüre der afrikanischen Schriftsteller sie doch auf Aspekte der afroamerikanischen Literatur aufmerksam gemacht, die sie unbefriedigt ließen und die sie nun ändern wollte.

Der schwierige Weg zur professionellen Autorin war jedoch noch nicht zu Ende. Sie hatte zwar einen Roman veröffentlicht, der positiv rezipiert wurde. Aber sie hatte ihn geschrieben, weil sie selbst so ein Buch lesen wollte (wie sie immer wieder ganz ernsthaft versichert), und bekannte sich noch keineswegs zum Schriftstellerinnenberuf. (Conv, S. 31, 38, 61, 88) Das sollte sich auch bei ihrem nächsten Roman *Sula* (1973) nicht ändern. Dazu kam die finanzielle Unsicherheit eines freien Berufs. Und schließlich erkannte sie die Verlagstätigkeit als eine wichtige Aufgabe. Sie war 1967 von Syracuse in die Stadt New York gezogen und arbeitete nun als leitende Lektorin bei Random House.

Laut Morrisons Angaben verkauften sich ihre Bücher auch 1981 nicht sehr gut. «Sehr blaue Augen» erreichte eine Auflage von 2000 Exemplaren, «Sula» 12 000 oder 15 000. «Solomons Lied» erzielte das Dreifache und «Teerbaby» vielleicht noch einmal das Dreifache. (Conv, S. 133)

Die afroamerikanische Literatur im 20. Jahrhundert

Auf das Ende des Ersten Weltkriegs folgten große Wanderungen der Schwarzen vom Süden in den Norden. In New York kam es zur berühmten Harlem Renaissance (1920–30/33), einer Blütezeit afroamerikanischer Musik (Jazz), Kunst und Literatur. Zu den älteren, immer noch einflussreichen Autoritäten, wie zum Beispiel DuBois und James Weldon Johnson, kam nun eine neue Generation talentierter Afroamerikaner. Zu den wichtigsten Autoren zählen Jean Toomer (1894–1967), Claude McKay (1890–1948), Zora Neale Hurston (1901–60), Arnaud («Arna») Bontemps (1902–73), Langston Hughes (1902–67), Countee Cullen (1903–46).

In den dreißiger und vierziger Jahren erschienen die bedeutenden Werke von Richard Wright (1909–60), «Native Son» (1940) und «Black Boy» (1945), die den Kampf um das Überleben und die Selbstachtung eines jungen Schwarzen darstellen. Die Lyrikerin Gwendolyn Brooks (1917–2000) wurde als erste afroamerikanische Frau für ihre Sammlung «Annie Allen» (1949) mit dem Pulitzer-Preis ausgezeichnet. 1952 erschien der nun klassische Roman «Invisible Man» von Ralph Ellison (1914–94). In den fünfziger und sechziger Jahren wurde James Baldwin (1924–87) zur prominentesten literarischen Stimme. Seine berühmten Romane «Go Tell in on the Mountain» (1953), «Giovanni's Room» (1956), «Another Country» (1962), «And Just Above My Head» (1979), seine Essays «Notes of a Native Son» (1955) und «The Fire Next Time» (1963) und seine Dramen «Blues for Mr. Charlie» (1964) und «Amen Corner» (1965) u. a. m. zählen zu den großen Werken der afroamerikanischen Literatur. Seit den 1970er Jahren ist August Wilson der bedeutendste afroamerikanische Dramatiker. Seine zehn Dramen, u. a. «Ma Rainey's Black Bottom», «Fences», «The Piano Lesson», «Two Trains Running», «Seven Guitars», stellen eine Chronik schwarzen Lebens im 20. Jahrhundert dar.

Die Lektorin Toni Morrison (1965–84) Im Gefolge der schwarzen Bürgerrechtsbewegung begannen auch die großen Verlage, Bücher von schwarzen Autoren und anderen ethnischen Gruppen zu publizieren, sodass Toni Morrison sich in der vorteilhaften Position befand, die schwarze Literatur fördern und in ihrem Sinn steuern zu können. Sie wurde zuständig für die Veröffentlichungen einer Reihe von Autoren, die sie gerade wegen ihrer Unterschiedlichkeit als wertvoll ansah. Zu den von ihr betreuten Publikationen gehörten die Romane, Erzählungen und Lyrik von Toni Cade Bambara, Gayl Jones, Henry Dumas (postum), Leon Forrest und John McClusky, aber auch die Bücher der politischen Aktivistin Angela Davis, darunter ihre Autobiographie und «Women, Culture, and Politics», außerdem «They Came Before Columbus» von dem kontroversen Afrikanisten Ivan van Sertima. Muhammad Alis Autobiographie «The Greatest» ist ebenfalls durch Toni Morrison bei Random House erschienen. Einige Autoren betreute sie über Jahre hinweg, und mit manchen, zum Beispiel Leon Forrest und besonders Toni Cade Bambara, verband sie eine echte Freundschaft.

Eine besondere Stellung nahm das so genannte *Black Book* ein, ein Sammelalbum mit Dokumenten aus der Geschichte Amerikas der vergangenen dreihundert Jahre. Es enthält Zeitungsausschnitte, Reklamen, Familienfotografien, Karikaturen, Plakate, Auszüge aus Briefen und Traumbüchern, Partituren, Kochrezepte, Abbildungen einiger von Sklavinnen hergestellten Flickdecken (quilts) und anderes mehr. Mit wenig Text ausgestattet und nicht streng chronologisch geordnet, sollte das *Black Book* einen Einblick in das tägliche Leben der Afroamerikaner geben – in die unmenschlichen Bedingungen während und nach der Sklavenzeit, aber ebenso in ihre kulturellen Leistungen, ihre Erfindungen und ihre Strategien des Überlebens.

Den Kern des Buchs bildete die über viele Jahre angelegte Sammlung schwarzer Memorabilien eines Freundes, Middleton Harris, der in Zusammenarbeit mit Morris Levitt, Roger Furman, Ernest Smith und der Lektorin das Material zusammenstellte. Toni Morrison fürchtete um das Geschichtsbild, das durch die Black-Power-Bewegung auf recht einseitige Bahnen gelenkt worden war. Ihrer Meinung nach gingen durch die Bürgerrechtsbewegung auch viele wichtige Aspekte verloren. *Im Kampf um bessere Wohnungen und Arbeit, der natürlich durchaus legitim und notwendig war, vergaßen wir die Vergangenheit und sehr viel von den damit verbundenen Wahrheiten und Werten. [...] Es geht natürlich nicht darum, sich in eine wohlige Nostalgie über die guten alten Tage zu versenken – es gab keine guten alten Tage! –, sondern darum, die besonderen Arten des Widerstands, des Ausgezeichnetseins und der Integrität zu erkennen, die so sehr Teil unserer Vergangenheit und uns und der jetzigen jungen Generation so nützlich sind.* Demnach sollte

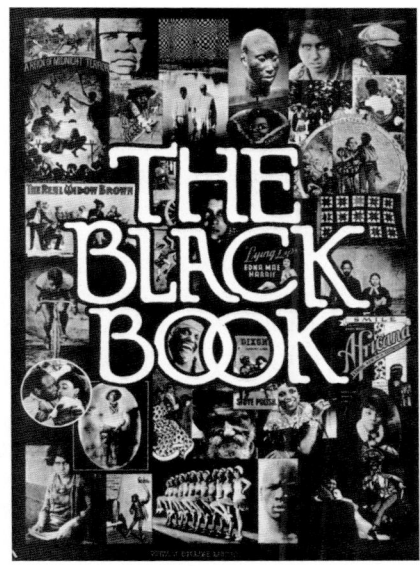

Die Titelseite des «Black Book», 1974 erschienen

das Buch einen besondern *Klang* haben, *bestehend aus allen Elementen schwarzen Lebens (seine spezielle Art der Ironie, Unterdrückung, Versatilität, Wahnsinn, Freude, Kraft, Schande und Scham, Ehre, Triumph, Anmut und Stille) sowie denjenigen Eigenschaften, die allen Menschen eigen sind (Mitleid, Wut, Torheit, Mut, Selbsttäuschung und Träume). Und es muss sich auf das gelebte – nicht das imaginierte – Leben konzentrieren: auf die anonymen Männer und Frauen, die in der konventionellen Geschichtsschreibung nur durch ihre Führer sprechen. Im «Black Book» kommen die Leute zu Wort, die immer nur als Prozente gesehen wurden.* [30]

Die Art, wie die Dokumente präsentiert wurden, war ebenfalls äußerst wichtig. Den Inseraten von Sklavenhaltern, Karikaturen von Negern, Ku-Klux-Klan-Aufmärschen, Beschreibungen und Abbildungen der grauenhaften Strafen, Hilfe leistenden Abolitionisten wurden Fotografien von Jazzmusikern, berühmten Sportlern und Intellektuellen gegenübergestellt. Die Geschichte so darzustellen war zwar äußerst schmerzhaft, denn *als ich mit dem Ver-größerungsglas die Zeitungen vom 17. bis zum 19. Jahrhundert las, war es, als ob ich zum zweiten Mal die Greuel miterlebte, die meinem Volk an-getan worden waren.* Zugleich wurde Toni Morrison bewusst, dass die schwarze Geschichte und die weiße Geschichte aufs engste miteinander verwoben waren, aber auch, dass sich diese Verbin-dung nicht einfach auf weiße Unterdrückung und schwarze Op-fer reduzieren ließ. So steht zum Beispiel dem Inserat des nach seinem entflohenen «Eigentum» fahndenden Sklavenhalters der hochironische Brief des ehemaligen Sklaven Jourdan an seinen früheren Herrn gegenüber, in dem er seinen Lohn verlangt, für sich, der 32, und seine Frau Mandy, die 20 Jahre für ihn gearbeitet hätten; das Schreiben endet mit dem Postskriptum: «Grüßen Sie George Carter von mir und danken Sie ihm, dass er Ihnen die Pis-tole wegnahm, mit der Sie mich erschießen wollten.» Der weißen rassistischen Zeitung der 1860er Jahre «The New York Caucasian» wirkte die schwarze Zeitung «The Colored American» entgegen. Die weißen Abolitionisten halfen den geflüchteten Sklaven und warnten sie vor den Sklavenfängern, die ihre Jagd oft bis in den freien Norden ausdehnten. Dass das jüdische Hospital die verwun-deten Farbigen während der Bürgerkriegskrawalle aufnahm, ist ebenso bedeutend wie die Weigerung eines anderen, ebenfalls jüdischen Spitals, die Frau des Blues-Musikers W. C. Handy zu behandeln – sie starb auf den Eingangstreppen. *In dem Buch, wie im Leben, kommen die beiden Geschichten zusammen in der Mittags-hitze der Brutalität und des Mitgefühls, der Empörung und der Genug-tuung.*[31]

Unverkennbar ist das Engagement, mit dem sich die Lektorin Morrison für die Bücher einsetzte, die sie als wichtig erkannte. Aber auch für ihren Weg als Schriftstellerin war die Verlagsarbeit produktiv, denn in diesen Jahren hat sie sich mit Ideen und Pro-blemen auseinander gesetzt, die dann in ihren Romanen zur lite-rarischen Ausgestaltung kamen.

Sie arbeitete als Lektorin bis 1984, gab aber bereits 1981 einer Unzufriedenheit Ausdruck, die sich hauptsächlich auf die immer noch spärlichen Publikationsmöglichkeiten schwarzer Literatur bezog: *Es ist so viel zu tun, und ich kann nur so wenig davon schaffen. Ich hätte meine eigene Bücherreihe herausgeben sollen – hätte es auch gern getan. [...] Jemand in einem großen Verlagshaus sollte es tun. Ich kann es nicht – es fordert mehr Tage und mehr Energie, als ich habe.* Die Bücher, die sie herausgab, verkauften sich oft nicht besonders gut. Sie hätte ein ganz anderes Gefühl gehabt, wenn die Bücher von Toni Cade Bambara und Gayl Jones so erfolgreich gewesen wären wie ihre eigenen. *Aber der Markt verträgt nur ein oder zwei schwarze Autorinnen. Fünf Toni Morrisons wären problematisch. Ich rede nicht von der Qualität. [...] Ich rede nur von der Tatsache, dass der Markt nicht mehr als ein oder zwei schwarze [...] Autoren aufnehmen kann [...]. Das gilt für die Literatur allgemein, ganz besonders aber für die schwarze Literatur.* (Conv, S. 133)

Als Universitätsprofessorin (ab 1971)   Nach dem Erscheinen von *Sehr blaue Augen* (1970) nahm Toni Morrison ihre Lehrtätigkeit wieder auf. Sie lehrte an mehreren Instituten – an der Staatlichen Universität von New York in Purchase (1971–72), an der Rutgers University (1972–74), der Yale University (1976–78) und am Bard College (1981). 1984 wurde ihr die Albert-Schweitzer-Professur an der Staatlichen Universität von New York in Albany angeboten, die sie bis 1989 behielt, um dann die Robert-Goheen-Professur an der Princeton University zu übernehmen, wo sie noch heute lehrt.

Unterrichten hatte ihr schon immer Freude gemacht, jetzt war es besonders verlockend, denn auch an den Colleges und Universitäten hatte sich seit den fünfziger Jahren manches geändert. Es gab jetzt Vorlesungen und Seminare über schwarze Literatur, Geschichte und Kultur, und an vielen Instituten wurde die neue Disziplin «Black Studies» eingeführt. Somit konnte sich Toni Morrison nun in ihren Seminaren mit Literatur befassen, die ihr besonders am Herzen lag, vor allem den Werken afroamerikanischer Autorinnen.

Es machte ihr Spaß, die Studenten zum Denken und zum Formulieren eigener Urteile zu bringen. Denn in diesem sehr neuen Gebiet konnten sie sich in ihren Interpretationen kaum auf Sekundärliteratur und grundlegende Studien stützen, höchstens auf Rezensionen. Es ging also um ein genaues Lesen von Texten und um prinzipielle Fragen, die Professor Morrison vorzulegen pflegte, wie etwa: Wie reagieren diese Autorinnen auf das Stereotyp der

47

schwarzen Frau (die Mammy oder Negermami, die Hure, das Showgirl usw.)? Wie politisch sind ihre Texte, das heißt, sind sie von einem neuen politischen Bewusstsein beeinflusst oder sind sie eher unpolitisch? Was führt bei den schwarzen Autorinnen so oft (im Unterschied zu ihren männlichen Kollegen) zu einem Grundgefühl der Lebensfreude trotz der erlittenen Unterdrückung und Bedrängnis, woher kommt dieses Hochgefühl? Wie sehen die Autorinnen das, was wir Schönheit nennen? Was sind die wichtigen Fragen, die sie in ihren Werken stellen?

Neben der Literatur lehrt Toni Morrison auch, was in Amerika «creative writing» genannt wird, also das Handwerk literarischen Schreibens. Und hier vermittelt sie den Studenten genau das – Handwerkliches: wie man Fehler oder eine schlecht geschriebene Passage erkennt, und wie man sie verbessern kann. Zu diesem Zweck lässt sie die Studenten fremde Manuskripte bearbeiten; sie sollen identifizieren, wo der Autor etwas falsch gemacht hat, wo die Figuren zu flach sind, der Handlungsort ungenügend definiert und so fort. *Ich warne sie, nicht allzu drastisch vorzugehen, aber sie hören nie zu. Sie sind absolut schonungslos.* Danach verlangt sie von den Studenten, dass sie den Text verbessern, damit sie lernen, wie man zum Beispiel einen Unterschied im Gespräch zwischen dieser Figur und einer anderen macht – denn zwei Figuren sprechen ja nicht auf ein und die gleiche Art. Professor Morrison ist der Meinung, wenn man einen fremden Text in Ordnung bringen kann, dann sollte man es auch mit dem eigenen können. Es gilt, die Abneigung gegen das Neu- und Umschreiben zu überwinden. Aus dieser Sicht wird das Schreiben ein permanenter Prozess des Verbesserns und Optimierens. (Conv, S. 85–88)

Für Toni Morrison kommt das Lehren einem schöpferischen Akt gleich, dem Schreiben vergleichbar. Doch beanspruchen diese beiden Tätigkeiten eine entgegengesetzte Art zu denken und lassen sich deshalb nicht gut vereinbaren. Lehren, so meint sie, bedeutet analysieren, auseinander nehmen und untersuchen. Beim Schreiben jedoch *füge ich zusammen. Außerdem muss ich beim Schreiben auf etwas vertrauen, das außerhalb der Worte liegt, während ich in der Lehre auf gar nichts vertraue.* (Conv, S. 175)

Die Verantwortungen der Mutter (1961–heute) Toni Morrison hat ihre Rolle als Mutter immer sehr ernst genommen und versucht, ihre Söhne zu selbständigen und sensiblen Menschen zu erziehen. Sie hat die Fürsorge und emotionale Unterstützung, die sie selber als Kind von ihrer Familie erhalten hat, an die Kinder weitergegeben. Schreiben, Arbeit und Kinderbetreuung zu vereinbaren war nicht leicht. Sie musste sich daran gewöhnen, immer nur stückweise schreiben zu können, und entwickelte dabei eine große Konzentrationskraft. Als die Kinder klein waren, gab sie es auf, in einem Zimmer allein zu schreiben: *Wenn ich ihnen sage, dass ich schreiben muss, ist das ärgerlich für sie. Das Schreiben hält mich von dem ab, was ich tun sollte, nämlich Mutter sein. Ich habe mich zum Schreiben immer ins hintere Zimmer zurückgezogen, und sie kamen sehr oft herein, stellten Fragen oder stritten miteinander. Und dann wurde mir klar, dass sie n i c h t von mir getrennt sein w o l l t e n, und ich fing an, in dem großen Raum zu schreiben, wo wir uns gewöhnlich aufhalten. Sie wollten eigentlich gar nichts von mir und hatten mir auch nichts Besonderes zu sagen; sie wollten einfach, dass ich da war.* (Conv, S. 32) Später konnte sie dann Verständnis und sogar Opfer von ihren Kindern verlangen – wie etwa einen Sommer, den sie nicht ihnen widmen konnte, weil sie *Solomons Lied* fertig schreiben musste. (Conv, S. 55 f.) Trotzdem hat sie nie den Luxus erlebt, nicht von den Kindern gestört zu werden – *egal wie trivial – weil es für sie nie trivial ist. Das Schreiben konnte nie den Vorrang haben.* (Conv, S. 238)

Erstaunlicherweise fand sie die Mutterrolle *befreiend. Die Forderungen der Kinder waren Dinge, die niemand sonst je von mir verlangt hatte. Ein guter Manager sein. Humor haben. Etwas herbeischaffen, das jemand gerade brauchen könnte. Und sie waren nicht an denselben Sachen interessiert wie andere Leute [...]. Irgendwie ist all der Ballast [...] über das, was wertvoll war, weggefallen. Ich konnte ich sein [...]. Meine Kinder schienen den Menschen in mir zu wollen, den ich selber am meisten mochte [...].* (Conv, S. 270 f.)

Die Sorge und Aufmerksamkeit, die Toni Morrison ihren Kindern widmete, hatte noch einen weiteren Grund. In den siebziger Jahren kam ihr immer mehr zu Bewusstsein, dass Kinder in großer Gefahr waren, besonders schwarze Kinder. *Ich finde, dass meine Generation den Kindern großen Schaden zugefügt hat. Ich meine das Fehlen des emotionalen Halts, den die Erwachsenen den Kindern nicht mehr geben können, weil sie selbst ihre Kindheit nachholen. Sie interessieren sich nur noch für ihren eigenen Standpunkt, für ihre Vergnügungen. Überall, wohin man auch blickt, sind die Kinder die Verdammten dieser Erde. Es mag noch eine Menge anderer Verdammter geben, aber die Kinder sind es ganz besonders. Die Lehrer üben ihren Beruf aus ohne Berufung. Selbst in den besten Schulen wird den Kindern eine ganz unglaubliche Missachtung entgegengebracht. [...] Aber auch dort, wo noch geordnete Verhältnisse zu herrschen scheinen, ist die Missachtung ungeheuerlich. Kinder bringen sich um, sie verwüsten die Schulen, sie laufen von zu Hause weg. Sie werden geschlagen und missbraucht, es ist eine wahre Epidemie. Ich habe noch nie so viele Filme gesehen, in denen die Kinder die Monster sind, in denen es die Kinder sind, die man töten muss.* (Conv, S. 103 f.) Es war ein Thema, auf das sie immer wieder zurückkam, und eines, das wie ein roter Faden auch durch ihre Bücher läuft.

Wie so viele Schwarze erkannte sie neben den durchaus positiven und notwendigen Folgen auch die negativen Seiten der Bürgerrechtsbewegung. Die an und für sich zu befürwortende Integration bedeutete zugleich das Ende der eigenen, lange als Gegenwehr zur Diskriminierung etablierten Institutionen, schwächte die Gemeinde und die Familie und das ehemals so selbstverständliche Verantwortungsgefühl.

Zum 4. Juli 1976, dem zweihundertjährigen Jubiläum der amerikanischen Verfassung, erschien ein Artikel von Toni Morrison im Magazin der «New York Times», in dem sie der Frage des Fortschritts der letzten hundert Jahre nachging.[32] Ausgangspunkt ist die Meinung ihrer Großeltern über die Chancen der schwarzen Bevölkerung in den USA. «Hoffnungslos» habe das Urteil des Großvaters gelautet; die Großmutter hingegen habe den Fortschritt mit dem «langsamen Gang gewisser Bäume vom Flachland zu den Hügeln» verglichen. Die Autorin selber schwankt zwischen diesen zwei Meinungen. Ein nüchterner vergleichender Blick zwischen dem 19. und dem 20. Jahrhundert zeigt ihr, dass vieles noch beim Alten ist. Dem Mord an Präsident Lincoln, sowohl verehrt als auch gehasst für die Sklavenbefreiung, steht fast genau hundert Jahre später die Ermordung von Präsident Kennedy gegenüber, auch er ein Verfechter der Gleichberechtigung, der allerdings seine Versprechen nicht eingelöst hat. Damals wie heu-

Toni Morrison, 1977

te werden schwarze Studenten von weißen Bildungsstätten fern gehalten und sogar ermordet. Und damals wie heute wird der bittere Kampf zwischen europäischen Einwanderern und schwarzen Arbeitern geschürt. Somit wäre dem Großvater Recht zu geben. Die Großmutter hingegen würde den Blick auf andere Entwicklungen richten: auf Schwarze, die jetzt Bürgermeister, Richter, Kongressabgeordnete und Senatoren in Washington und in vielen staatlichen Regierungen werden konnten. Auch dass die Anzahl der schwarzen Universitätsabsolventen in zwanzig Jahren um 47 Prozent gestiegen war, würde sie optimistisch stimmen. Allerdings muss die Enkelin/Autorin weitere Korrekturen anbringen: Die unter dem Druck der Bürgerrechtsbewegung gestifteten gesetzlichen und finanziellen Förderungen wurden bald eingedämmt. Die Arbeitslosigkeit auch der gebildeten Schwarzen steigt wieder. Überdies wäre zu ermitteln, ob die weißen Mörder schwarzer Menschen so prompt bestraft werden wie die schwarzen Jugendlichen, die die Schule schwänzen und in die Reformschulen eingesperrt werden, oder ob *wir wirklich in die besseren Wohnviertel ziehen können, ohne dass unsere Häuser in Brand gesteckt werden.*

Zum Schluss kommt Toni Morrison auf die Kinder zu sprechen – und zwar auf jene, die fähig und gewillt sind, den Kampf um Gerechtigkeit weiterzukämpfen: *Sie sind berauschend und furchterregend [...] und ein Wunder für mich. Obwohl regelmäßig Statistiken über die Kriminalität schwarzer Jugendlicher und das «Versagen» der Gerichtshöfe, sie zu beseitigen, gedruckt werden, auf die ebenso regelmäßig mit Empörung und Furcht reagiert wird, kenne ich Kinder, nach 1960 geboren, die kein Aufsehen erregen. Es sind diejenigen, die den Weißen nie etwas beweisen mussten, deren Selbstverständnis so neu, so anders, so zentriert ist, dass sie mir entweder als wunderbare Mischformen erscheinen oder aus jenen früheren Zeiten kommend, als unsere Vorfahren noch «königlich» genannt wurden. Es sind die kleinen Schwestern der «Sit-in-Generation», die Söhne der «Blockbuster», die Neffen der Revolutionäre, die im Gefängnis sitzen. Viele kommen aus Familien, die seit drei oder vier Generationen an Colleges studiert haben.* Toni Morrison hatte geglaubt, dass diese Kinder ohne Hoffnung und voller Enttäuschungen aufgewachsen wären. Dem war aber nicht so; nur sind diese Kinder ganz anders: *Sie entschuldigen sich nie, wissen anscheinend gar nicht, wie. Und auch wenn sie Unrecht haben, bitten sie nicht um Verzeihung. Im Gegenteil, es ist, als ob sie darauf warten, dass wir uns entschuldigen, dass wir um Verzeihung bitten, ihre Anerkennung suchen. Was für Schwarze sind das, die sich nicht nur weigern, vor jemandem zu kriechen, sondern nicht einmal wissen wie? Wie werden sie ihre Stellen behalten? Wie sollen sie leben? Werden sie nicht getö-*

tet werden, bevor sie sich fortpflanzen können? Aber sie sind furchtlos.
Und Toni Morrison überwindet ihre Sorge und Angst um die große Zahl der vernachlässigten Kinder und schließt mit einem hoffnungsvollen Bild der furchtlosen Kinder, die ihren Weg machen
und über die sich die Großeltern gefreut hätten; auch der Großvater, denn schließlich hatte er seine Geige – *Waffe und Trost* – mit
in den Norden genommen.

ERFOLG UND INTERNATIONALE ANERKENNUNG

Zu Beginn der achtziger Jahre war Toni Morrison berühmt geworden. Sie hatte vier Romane geschrieben, von denen jeder nicht nur
erfolgreicher, sondern auch thematisch und formal kühner angelegt war. Auf *Sehr blaue Augen* (1970) und *Sula* (1973) folgten
Solomons Lied (1977) und *Teerbaby*
(1981). Sie wurde mit Preisen ausgezeichnet[33], in wichtige Kom-
missionen gewählt[34], und ihr Bild
erschien auf der Titelseite der
Zeitschrift «Newsweek». Sie war
sowohl in Sachen Literatur als
auch in allgemeinen Fragen des
afroamerikanischen Lebens zu einer Autorität geworden.

> Manche meiner Leser beklagen
> sich darüber, dass meine Bücher
> so traurig seien. Aber wenn je-
> mand am Schluss einer Erzählung
> mehr weiß als am Anfang, wenn
> er Erkenntnis gewonnen hat,
> dann ist das in meinen Augen ein
> Happy End.
>
> Toni Morrison

Im Verlauf der nächsten zwei Jahrzehnte breitete sich Toni
Morrisons Name auch weltweit aus. Ihre Bücher wurden in die
wichtigsten Sprachen Europas, Asiens und des Nahen Ostens
übersetzt und von Kritik und Lesepublikum gleichermaßen mit
Begeisterung aufgenommen. In Europa hielt sich mancher Roman
oft länger auf den Bestsellerlisten als im eigenen Land.

Ein Haus am Fluss Durch den literarischen Erfolg war Toni
Morrison jetzt finanziell gesichert und in der Lage, ein Haus zu er-
werben, das ihren Wünschen entsprach. Sie fand das Haus – ein
umgebautes Bootshaus, direkt am Hudson, lang, schmal und blau,
von der Straße kaum zu sehen, doch über vier Stockwerke verteilt,
jedes mit einem Balkon und Terrassen und einem Dock, das sich in
den Fluss erstreckt. Nicht weit von Manhattan entfernt, bietet es

herrliche und im Wechsel der Jahreszeiten sich fortwährend verändernde Aussichten auf den Hudson, seine Stimmungen und das gegenüberliegende Ufer. Für Toni Morrison war und ist es ein Ort, den sie nach eigenem Bekunden schon immer als Ahnung mit sich herumgetragen hatte. Als sie ihn dann fand, erkannte sie diesen Ort sofort und hatte dabei das Gefühl, sich selbst wieder zu begegnen.[35] Das Haus fiel 1993 einem Brand zum Opfer, ist jedoch wieder aufgebaut, immer noch blau, nun aber modern und vollends den Bedürfnissen der Besitzerin entsprechend. Von allen Wohnstätten – dem Haus in Princeton, dem Pied-à-Terre in Manhattan – ist das Haus am Fluss ihr eigentliches Zuhause. Hier findet sie die Ruhe und Zurückgezogenheit, die ihr so wichtig sind. Es ist zudem das Haus, in dem ihre Söhne groß geworden sind und in dem sie so manche ihrer Geschichten konzipiert und in ihrem Arbeitszimmer an einem großen, alten, norwegischen Holztisch zuerst zu Papier gebracht hat.

Überblickt man Toni Morrisons Leistungen des letzten Vierteljahrhunderts, so erweist es sich als eine außerordentlich produktive Schaffensperiode – besonders wenn man bedenkt, dass sie auch akademischen Pflichten nachzukommen hatte. In regelmäßigen Abständen entstanden die als Trilogie bezeichneten großen Romane *Menschenkind* (1987), *Jazz* (1992) und *Paradies* (1998) sowie der literaturtheoretische Essayband *Im Dunkeln spielen: Weiße Kultur und literarische Imagination* (1993). *Liebe*, der achte und bisher letzte Roman, erschien 2003. Obwohl vornehmlich als Romanschriftstellerin und Essayistin bekannt, hat Toni Morrison sich auch in anderen Gattungen versucht. Sie schrieb das Buch für ein Musical, *New Orleans* (1983), und ihr erstes Theaterstück *Dreaming Emmett*, das den Lynchmord des vierzehnjährigen Emmett Till im Sommer 1955 aufgreift; es wurde 1986 in Albany uraufgeführt. Zusammen mit dem Komponisten und Dirigenten André Previn schuf sie den Liederzyklus *Honey and Rue* (1992) für die Sopransängerin Kathleen Battle, zu dem sie die Texte schrieb. Mit ihrem jüngeren Sohn Slade verfasst sie seit 1999 Kinderbücher, unter anderem *Die Kinderkiste* (2000). Im Frühling 2005 wurde die Oper «Margaret Garner» uraufgeführt, zu der sie das Libretto schrieb, Musik von Richard Danielpour. Eine ganz andere Richtung schlug sie mit der Herausgabe zweier politisch brisanter

Umschlag des Kinderbuchs «Die Kinderkiste» von Toni und Slade Morrison, 2000

Bücher ein: *Race-ing Justice, En-gendering Power: Essays on Anita Hill, Clarence Thomas, and the Construction of Social Reality* (1992) und *Birth of a Nation'hood: Gaze, Script, and Spectacle in the O. J. Simpson Case* (1997). 1994 gründete sie das Princeton Atelier, eine Art Werkstatt, in der sie künstlerisch begabte Studenten mit prominenten Autoren und Künstlern zusammenbringt. Außerdem ist sie als Rednerin gefragt, hält bis heute jedes Jahr eine beträchtliche Anzahl von Vorträgen und nimmt an Symposien und Kongressen teil. Toni Morrison gesteht, dass das alles sehr beeindruckend klingen mag, gibt aber zu bedenken, dass sie eigentlich nur eines tue: *Ich lese Bücher. Ich lehre Bücher. Ich schreibe Bücher. Ich denke über Bücher nach. Es ist alles ein Job.*[36]

Der Nobelpreis   Im Jahre 1993 wurde Toni Morrison mit der höchsten Ehrung, dem Nobelpreis für Literatur, ausgezeichnet. Der Wahl lag die schlicht formulierte Begründung der schwedischen Akademie zugrunde, dass Toni Morrison «durch eine Romankunst, geprägt von visionärer Kraft und poetischer Prägnanz, eine wesentliche Seite der amerikanischen Wirklichkeit verlebendigt». Für die zweiundsechzigjährige Autorin war dies eine Anerkennung, die sie als Amerikanerin zutiefst ehrte. Ganz besonders stolz war sie auf die Tatsache, dass der Preis endlich an eine afroamerikanische Person gegangen war.[37] Mit dieser selbstbewussten Haltung und der Betonung ihrer Herkunft wies sie dezidiert die kritischen Stimmen zurück, die in der Wahl eine politisch korrekte Entscheidung sahen, bei der die Belohnung in erster Linie der Farbigen und der Frau galt und bloß nachgeordnet ihrem Werk. Sie war die erste Afroamerikanerin, die achte Frau und der 90. Nobelpreisempfänger. Zur Preisverleihung kam sie in Begleitung ihrer Familie und Freunde, beschränkte ihre Verpflichtungen, so gut sie konnte, nahm aber an den Festlichkeiten teil. Der Höhepunkt war für sie die Nobelpreisrede im goldenen Saal der Börse, eine der wenigen Veranstaltungen, an der das allgemeine Publikum teilnehmen kann. Stattlich und stolz – königlich, wie immer wieder bemerkt wurde – erschien sie in einem langen schwarzen Kleid, das Haar ein Geflecht von silbergrauen Zöpfen. Lächelnd nahm sie die Huldigungen des Publikums entgegen, um dann mit ihrer Rede zu beginnen. Sie sprach, ihre Ideen anhand einer kurzen Geschichte illustrierend, über die Macht der Sprache und die Bedeutung, die Sprache zu beherrschen. Der Vortrag löste einen nicht enden wollenden Beifall und eine stehende Ovation aus. Noch nie soll ein Nobelpreisträger so geehrt worden sein.[38]

> Die Sprache der Schwarzen wurde immer abgewertet; die Sprache Unterdrückter wird immer diskreditiert; man lehnt sie ab. Aber für mich als schwarze Schriftstellerin ist diese Sprache etwas Außerordentliches. Die Vitalität, mit der sie das Englische belebte, ist einfach unglaublich. Man gebraucht diese Ausdrucksweise ständig, ohne zu wissen, woher sie kommt. Sie beinhaltet Straßenjargon, biblische Sprache, kraftvolle poetische Bilder und natürlich auch die englische Schriftsprache.
>
> Toni Morrison

Der Nobelpreis erfüllte Toni Morrison jedoch nicht nur mit Stolz, sondern ebenso mit der Hoffnung, dass durch diese Ehrung die afroamerikanische Literatur aus ihrer Randexistenz als Protest- oder Minderheitenliteratur befreit würde, um endlich ihren angemessenen Platz an den Universitäten einzunehmen und auch in der Literaturkritik und Forschung zu einer

veränderten Rezeption von Literaturtraditionen zu finden. Eine
weitere Hoffnung verband sie mit dem Gedanken, dass der ihr zu-
erkannte Preis auch den jüngeren, noch unbekannten schwarzen
Autorinnen und Autoren ihren Weg ebnen würde. Beide Hoffnungen haben sich trotz beachtlicher Fortschritte bis jetzt nur teilweise erfüllt.

Arbeitsweisen　　Auch heute lebt Toni Morrison, eine der gefeier-
testen und prominentesten Schriftstellerinnen überhaupt, zurückgezogen und auf ihre schriftstellerische Arbeit konzentriert.
Die über Siebzigjährige steht noch immer vor Tagesanbruch auf,
nicht nur, weil dies für sie von jeher die beste Zeit zum Schreiben
war, sondern auch, weil es mit einem kleinen Ritual verbunden ist.
Mit einer Tasse Kaffee wartet sie auf das Hellwerden, das sie auf
den Übergang zum Schreiben vorbereitet, in einen Bereich, den sie
als nichtweltlich bezeichnet. Oft ist sie jahrelang in Gedanken mit
einem Werk beschäftigt, das meist von einer alltäglichen, aber
konkreten Frage ausgeht; die erste Fassung schreibt sie noch immer mit Bleistift auf einen gelben Block. Erst später überträgt sie
das Geschriebene in den Computer. Und schließlich revidiert sie –
drei-, fünf-, sieben-, auch dreizehnmal, wenn eine Passage dies verlangt. Als ehemalige Redakteurin weiß sie einen guten Lektor zu
schätzen, dessen Aufgabe sie darin sieht, die Schwächen eines
Werkes zu erkennen. Einen in diesem Sinne guten Lektor zu finden, wie sie ihn jahrelang in Bob Gottlieb hatte und den sie seit
kurzem wiedergewann, betrachtet sie als ein wahres Glück.

　　Nach wie vor ist ihr das Schreiben Lebensnotwendigkeit,
denn als Schriftstellerin fühlt sie sich der Welt zugehörig, nicht
als Professorin, Mutter oder Geliebte. Und nur als Schriftstellerin
hat sie das Gefühl, etwas bewirken, Ordnung aus dem Chaos der
Welt schaffen zu können. Ohne das Schreiben, meint sie, wäre sie
Teil des Chaos.[39]

Das schriftstellerische Werk

DIE GEFÄHRDETE EXISTENZ SCHWARZER MÄDCHEN UND DIE BEGRENZTEN WAHLMÖGLICHKEITEN SCHWARZER FRAUEN: «SEHR BLAUE AUGEN» UND «SULA»

Der bildliche, sinnliche und dialogische Reichtum ihres Schreibens lässt den Leser leicht vergessen, wie sehr in den Romanen Toni Morrisons Ideen die wesentliche Antriebsquelle ihrer schöpferischen Phantasie bilden. Mit jedem Buch will sie sich Klarheit über eine spezifische Frage verschaffen, einen Problemkomplex untersuchen oder eine vergessene Vergangenheit zurückrufen. *Man schreibt nicht, weil man die Antworten weiß*, sagte sie auch noch 1990, als sie ihren sechsten Roman schrieb. *Die einzige Antwort, die man wirklich hat, ist das vollbrachte Werk.*[40] Mit ihren Büchern will sie nicht nur selber denken, sondern auch ihre Leser zum Nachdenken bringen. Folglich geht es in *Sehr blaue Augen* (1970) nicht allein darum, die Geschichte eines schwarzen Mädchens ins Zentrum eines Romans zu stellen, sondern ebenso um die verheerenden Wirkungen der weißen Ideologie auf eben dieses und andere Mädchen und die schwarze Bevölkerung allgemein. *Als ich zu schreiben anfing, schrieb ich nicht gegen existierende Stimmen [...]. Es gab für mich nur ein Thema, über das ich schreiben wollte [...], die wahrhaftige Verwüstung des Rassismus auf das verletzlichste, das hilfloseste Glied der Gesellschaft – ein schwarzes weibliches Kind. Ich wollte darstellen, wie es ist, Gegenstand des Rassismus zu sein. Seine verwüstende Treffsicherheit. Und dass er den seelischen Tod, Selbsthass, schreckliche Dinge verursachen konnte, wenn die Familie oder Gemeinde kein Auffangnetz bieten konnte.*[41]

Mit diesen Absichten schrieb sie jedoch gleich gegen mehrere Stimmen an. Dem Schlagwort der sechziger Jahre – «black is beautiful» – stellte sie eine Erzählung entgegen, die die komplexe und durchdringende Wirkung eines durch die dreihundertjährige weiße Ideologie verfestigten Schönheitsideals verdeutlicht, ohne dass es zu einem eigentlichen rassistischen Vorfall kommt. Auf die schwarze Ästhetik jener Zeit und ihre Forderung nach positiven Bildern schwarzen Lebens antwortete sie mit einer tief pessimistischen Geschichte, der Preisgabe eines schrecklichen Geheimnisses innerhalb der schwarzen Gemeinde: *Wenn auch niemand darüber spricht: es gab im Herbst 1941 keine Ringelblumen. Wir glaubten damals, die Ringelblumen gingen nicht auf, weil Pecola von ihrem Vater ein Baby bekam.* Mit diesen Worten beginnt die Erzählung, wobei der vertrauliche Ton sofort eine intime Beziehung zwischen Leser und Text herstellt. Das Versagen der Familie und Gemeinde gegenüber einem Kind wird einer aus dem Gleichgewicht geratenen Natur, dem Nichtaufgehen der Ringelblumen, gleichgesetzt. In aller Unschuld hatten die neunjährige Erzählerin Claudia MacTeer und ihre um ein Jahr ältere Schwester Frieda sich auf eine Zauberei eingelassen. Wenn sie die richtigen Worte über die Blumensamen sprachen, *würden sie aufgehen, und alles würde in Ordnung kommen. [...] Weder ihr noch mir kam der Gedanke, daß die Erde selbst sich gesträubt haben könnte. Wir hatten unseren Samen in unser kleines Stück schwarze Erde gesenkt, genau wie Pecolas Vater seinen Samen in sein Stück schwarze Erde. Unsere Unschuld und Gläubigkeit waren nicht fruchtbarer als seine Begierde oder Verzweiflung. Eines ist jetzt klar: von all der Hoffnung, Angst, Begierde, Liebe und Trauer bleibt nichts übrig als Pecola und die unwillige Erde. Cholly Breedlove ist tot; unsere Unschuld auch. Der Samen ist verdorrt und gestorben; ihr Kind auch.*

Eigentlich ist weiter nichts zu sagen – außer warum. Aber mit dem Warum ist schwer umzugehen, darum muß man seine Zuflucht zu dem Wie nehmen. (SbA, S. 9)

Mit Pecolas Geschichte schrieb Toni Morrison zudem gegen das Schweigen an, das damals noch über Kindesmisshandlung und -missbrauch lag. Vor allem aber war *Sehr blaue Augen* ein Buch, das sich von denen ihrer Vorgänger wie zum Beispiel Richard Wright und Ralph Ellison abhob, weil es nicht versuchte, die schwarze Welt und Not einer weißen Leserschaft verständlich zu machen, sondern den Blick auf die eigene Gemeinschaft richtete. Es stellt eine Untersuchung rassistischen Verhaltens dar sowie der Schäden, die es anrichten kann, wenn es gedankenlos von der diskriminierten Gruppe akzeptiert wird. Diese zieht Toni Morrison zur Verantwortung, auch wenn klar ist, dass der Rassismus letztlich aus der weißen Welt kommt. Die Metapher der sich sträubenden Natur, mit der das Buch beginnt, kehrt am Ende wieder. Nur ist sie jetzt deutlich sozial bezogen, denn die Geschichte hat gezeigt, dass die Stadt, die Gemeinschaft an der Zerstörung des Kindes mit beteiligt war: *Ich spreche davon, daß ich die Samen nicht zu tief gesät habe, daß die Erde, der Boden unserer Stadt daran schuld war [...]. Dieser Boden ist schlecht für gewisse Blumensorten. Gewisse Samen ernährt er nicht, gewisse Frucht will er nicht tragen, und wenn der Boden aus eigenem Willen tötet, nehmen wir es hin und sagen, das Opfer habe kein Recht auf Leben gehabt.* (SbA, S. 164 f.)

Schon in diesem Erstlingswerk ging Toni Morrison also zielsicher ihren eigenen Weg und zwar nicht nur in thematischer, sondern ebenso in formaler Hinsicht: *In dem Versuch, die Verwüstungen zu dramatisieren, die noch die beiläufigste rassische Verachtung anrichten kann, entschied ich mich für eine einmalige, nicht für eine repräsentative Grundsituation. Pecolas extremer Fall [...] [entspricht] keineswegs der durchschnittlichen schwarzen amerikanischen Familie, und nicht derjenigen der Erzählerin.* (Nachwort, SbA, S. 167, leicht redig. Übersetzung) *Sehr blaue Augen,* obwohl in der Realität ihrer Heimatstadt verankert, ist kein realistischer Roman im traditionellen Sinn. Der Autorin geht es nicht in erster Linie um eine soziologische, sondern vor allem um eine *erzählerische Erkundung* (ebd.); dies erklärt die oft so extremen Situationen, in die die Figuren gestellt werden.

Schon der Titel enthält eine Vielfalt von Bedeutungen. In erster Linie verweist er auf das Hauptthema, Pecolas heftigen Wunsch, blaue Augen zu haben und somit hübsch und liebenswert zu sein. Die Lehrer würden sie dann anlächeln, die anderen Kinder würden sie nicht mehr verspotten, die Ladenbesitzer wären höflich, und ihre Eltern könnten vor diesen Augen *nichts Böses tun.* Von Anfang an steht Schönheit in engster und bei Pecola in fataler Verbindung zu Liebe. Die Frage, was man haben oder tun muss, um geliebt zu werden, wird von Pecola immer wieder gestellt. Der Titel steht auch im Zusammenhang mit Claudia MacTeer, die blonde und blauäugige Babypuppen zerstört, um das Geheimnis ihres Zaubers herauszufinden. Blau bezieht sich ferner auf den *Blues,* die melancholischen Songs der Enttäuschung und ungestillten Sehnsucht, die Mrs. MacTeer und die Hure Miss Marie singen, und verweist auf Pecolas wahren seelischen Zustand.[42]

Aber Pecola singt keinen Blues und kann sich deshalb nicht aus ihrer Verzweiflung retten. Vor allem aber steht der Titel als herrschendes und rein äußerliches Symbol über einer Welt, die keine blauen Augen hat, dem Ideal also naturgemäß nie genügen kann und trotzdem von ihm bestimmt wird.

Der Roman zeigt eine äußerst vielschichtige Erzählstruktur. Die Handlung verläuft kreisförmig, indem sie sich auf dem Hintergrund der wiederkehrenden Jahreszeiten – Herbst, Winter, Frühling und Sommer – und im Widerspruch zu ihnen abspielt, und linear durch den unaufhaltsamen Gang auf das schreckliche Ende zu. Laut Toni Morrison besteht der Roman aus verschiedenen Teilen, die einander wie Galaxien umkreisen und die Hauptgeschichte ergänzen.[43] Mehrere Erzählerfiguren vermitteln die Geschichte. Die Stimme der kindlichen Claudia MacTeer verleiht dem Buch Frische, Humor und die zwingende Logik eines noch unverdorbenen Menschenverstandes. Durch sie entsteht eine Kinderwelt, wie sie vielerorts existiert, nur dass sie durch ethnische und rassische Unterscheidungen kompliziert wird. Claudia meldet sich verschiedentlich auch als Erwachsene, indem sie frühere Ereignisse aus späterer Perspektive kommentiert. Daneben gibt es eine allwissende Erzählerin (oder einen Erzähler), die die außerhalb von Claudias Erfahrungen liegenden Ereignisse schildert. Die Vielfalt der Stimmen wird durch Gespräche, Selbstgespräche, Selbstdarstellungen und den langen Anklagebrief eines Pastors an den lieben Gott noch vermehrt. Pecola, die eigentliche Hauptfigur, wird immer durch die Augen der anderen gesehen. Sie bleibt Objekt; erst ganz zuletzt, nach ihrer Flucht in den Wahnsinn, findet sie zu einer, wenn auch gespaltenen Stimme.

Obwohl die weiße Welt fern ist, sind ihre Ikonen allgegenwärtig. Sie erscheinen in den für alle Kinder der fünfziger Jahre bestimmten Schullesheften der Reihe «Dick and Jane», in denen das ungetrübte Leben einer glücklichen weißen Familie im eigenen hübschen Haus präsentiert wird – eine ideale Kinderwelt und Lebensweise, die den Kindern der schwarzen Minderheit nicht zugänglich sind. Zitate daraus erscheinen programmatisch als Vorspruch und Kapitelüberschriften und etablieren eine Art Gegentext zur Romanhandlung. Indem sie erst richtig, dann ohne Satzzeichen und schließlich ohne Zwischenräume wiedergegeben werden, werden sie zunehmend unverständlicher und verweisen auf die Fremdheit dieser Texte für ein schwarzes, armes Kind. Jane ist natürlich blond und blauäugig, blond und blauäugig sind Alice und Jerry im Bilderbuch, und dasselbe gilt für Mary Jane auf dem gelben Einwickelpapier der nach ihr benannten Bonbons, die in Herrn Yacoboskis Laden zu kaufen sind. Die eigentliche Erziehung in Sachen Schönheit und Liebe kommt natürlich aus dem Traumland Hollywood. Dabei bestätigen die wenigen Ausnahmen nur die herrschende Regel, denn die hübsche Mulattin Pecola in dem erwähnten, bei Schwarzen so beliebten Film «Imitation of Life» hasst ihre Mutter, weil sie schwarz und deshalb hässlich ist. Shirley Temple, das Idol der Kinder, ist nicht nur im Kino – im *Dreamland Theater* in Lorain – zu sehen, sondern auch auf der Tasse abgebildet, die Frieda freundlicherweise Pecola immer hinstellt. Pecola trinkt literweise Milch, um das hübsche Gesicht Shirley Temples lang und zärtlich bewundern zu können. Bei ihrer Mutter Pauline Breedlove wird das Schönheits- und Liebesideal durch Jean Harlow und Clark Gable versinnbildlicht. Arm, schwanger, hinkend und neuerdings mit einem fehlenden Vorderzahn, flüchtet sich Pauline in eine Identifikation mit Jean Harlow, frisiert sich wie diese und glaubt so an ihre eigene Schönheit. Auch bei den MacTeers ist der weiße Schönheitskodex maßgeblich. Mr. Henrys Kompliment, dass Frieda und Claudia sicher Greta Garbo und Ginger Rogers seien, wird von allen entzückt hingenommen.

Pecola Breedloves Geschichte entfaltet sich als eine Reihe von fast ausschließlich traumatischen Begegnungen. Diese beleuchten nicht nur die Situation des kleinen schwarzen Mädchens, sondern ebenso die Einstellung der anderen Personen, mit denen sie in Berührung kommt – der eigenen Familie, der anderen Kinder, der schwarzen Erwachsenen und dem einzigen Weißen, Herrn Yacoboski. Zu den vereinzelten positiven Erfahrungen gehört Pecolas vorübergehende Aufnahme «als Fall» im Haushalt der MacTeers.

Pecola […] brachte nichts mit. […] Sie erschien einfach mit einer weißen Frau und setzte sich hin.

Es war lustig in den paar Tagen, die Pecola bei uns war. Frieda und ich hörten auf, uns zu zanken, konzentrierten uns auf unseren Gast und bemühten uns nach Kräften, sie nicht fühlen zu lassen, daß sie «auf die Straße gesetzt» war.

Als wir merkten, daß sie nicht über uns bestimmen wollte, hatten wir sie gern. (SbA, S. 18) Ansonsten fühlt sich Pecola nur noch bei den Huren, den erklärten Parias der Gemeinde, wohl. *Pecola liebte sie, besuchte sie und machte Botengänge für sie. Sie wiederum verachteten sie nicht.* (SbA, S. 44)

In der Schule, in den Läden, bei anderen Kindern und Erwachsenen und zu Hause ist Pecolas Situation jedoch äußerst prekär. Von den Lehrern und Mitschülern wird sie *übersehen oder verachtet. [...] Sie war die einzige in ihrer Klasse, die allein an einem Doppelpult saß. Die Lehrer [...] vermieden es, sie anzusehen, und riefen sie nur auf, wenn alle gefragt wurden.* (SbA, S. 40)

Die ungeliebte Pecola hat sich ganz dem weißen Schönheitsideal verschrieben. Sie ist so überzeugt von ihrer Hässlichkeit und Wertlosigkeit, dass sie nur durch ein Wunder, dem Geschenk blauer Augen, erlöst werden kann. Indem sie sich dem Urteil der anderen unterwirft, wird sie zu dem, was alle in ihr zu sehen glauben, zum Opfer, dem kein Mitleid zusteht. Ein tiefes Schamgefühl lässt sie alle Beschimpfungen, Beleidigungen und Ungerechtigkeiten schweigend hinnehmen. Der ihr zugefügte Schmerz ist einzig an ihrer Körperhaltung abzulesen. Claudia kommentiert: *Sie schien in sich selbst zusammenzusinken wie ein gefalteter Flügel.* (SbA, S. 61) Pecolas Passivität gipfelt zuweilen in ihrem Wunsch, nicht mehr zu leben: *«Bitte, lieber Gott», flüsterte sie in ihre Handfläche. «Bitte, laß mich verschwinden.»* (SbA, S. 39) Er ist die Kehrseite ihres Wunsches nach blauen Augen. Beide sind jedoch Ausdruck einer Identitätskrise, die zur Selbstaufgabe führt.

Eine Gegenfigur zu Pecola ist die neue Schülerin, die hellhäutige Maureen Peal, die alle bezaubert. Zwar ist auch sie nicht weiß – aber sie hat lange braune Zöpfe und dunkelgrüne Augen. Und da sie im Vergleich zu den anderen schwarzen Kindern ordentlich und sogar schön gekleidet ist, kommt sie dem Ideal näher als alle anderen. Sie erntet das Wohlwollen der Lehrer und der übrigen Erwachsenen, die Bewunderung der meisten anderen Kinder und ein spontanes Hassgefühl von Seiten Claudias und Friedas. Dieses privilegierte *Traumkind* ist nicht eigentlich bösartig, wird es aber aufgrund des von ihr verinnerlichten rassistischen Denkens. Überzeugt von ihrer eigenen Niedlichkeit und der Hässlichkeit der anderen schwarzen Kinder, schleudert sie bei einem Streit ihren Mitschülerinnen Beschimpfungen entgegen, gegen die nicht nur Pecola, sondern auch Claudia und Frieda wehrlos sind:

«Was geht mich ihr oller schwarzer Daddy an?» fragte Maureen.

«Schwarz? Wen nennst du schwarz?»

«Dich!»

«Du hältst dich wohl für sehr niedlich?» Ich holte nach ihr aus, verfehlte sie und schlug Pecola ins Gesicht. [...]

Als sie auf der anderen Seite und in Sicherheit war, schrie sie uns zu: «Ich b i n niedlich! Und ihr seid häßlich! Schwarze und häßliche schwarze Maa. Ich b i n niedlich!» (SbA, S. 60) Obwohl Claudia vorerst wütend ist, muss sie sich auf dem Heimweg eingestehen: *Die Weisheit, Treffsicherheit und Bedeutung von Maureens letzten Worten erdrückte uns. Wenn sie niedlich war, [...] dann waren wir es nicht. Und was bedeutete das? Wir waren geringer. Netter, gescheiter, aber doch geringer. [...] Was war das Geheimnis? Was fehlte uns? Warum war es wichtig? Und überhaupt? Wir waren damals noch arglos und ohne Eitelkeit und in uns selbst verliebt. Wir fühlten uns wohl in unserer Haut, genossen die Nachrichten, die unsere Sinne vermittelten, bewunderten unseren Schmutz, pflegten unsere Narben und konnten nicht begreifen, warum wir wertlos sein sollten. [...] Und die ganze Zeit wußten wir, daß nicht Maureen Peal der Feind war, daß sie eines so tiefen Hasses nicht würdig war. Was man fürchten mußte, war das, was sie schön machte und uns nicht.* (SbA, S. 61) Der Kinderstreit veranschaulicht, wie perfekt die rassistische Ideologie schon unter Kindern funktioniert und dass nicht nur Pecola Schwarzsein eindeutig mit Hässlichkeit gleichsetzt. Claudia ist die Einzige, die das geltende Schönheitsideal in Frage stellt und dessen Gefährlichkeit erkennt.

Claudia unterscheidet sich, oberflächlich betrachtet, überhaupt in beinahe jeder Hinsicht von Pecola und dient als positive Gegenfigur. Anders als Pecola, deren Gefühlsregungen fast ausschließlich aus Scham und Zerknirschung bestehen, wird Claudia vor allem von Hass, Zorn und verhaltenem Stolz beherrscht. Pecola geht mit gebeugtem Kopf und eingezogenen Schultern einher; Claudia und Frieda hingegen sind bereit, Kinder, von denen sie sich beleidigt fühlen, zu verhauen. Claudia nimmt überdies noch eine Sonderstellung ein, weil sie sich als Einzige gegen die Indoktrinierung mit dem weißen Schönheitskodex wehrt. Sie bewundert Shirley Temple nicht. Im Gegenteil, sie hasst den Kinderstar, der in mehreren Filmen mit dem von ihr geliebten berühmten schwarzen Tänzer Bill Bojangles auftrat, denn sie ist der Meinung, dass Bojangles *mein Freund, mein Onkel, mein Daddy war und [...] mit mir hätte steppen und kichern sollen.* (SbA, S. 18) Da ihr keine weiblichen schwarzen Vorbilder zur Verfügung stehen, kann sie die Anbetung Shirley Temples nur mit der Bewunderung eines anderen weißen Kinderstars, der nicht eigentlich hübschen, aber drolligen Jane Withers, kontern. Von klein auf versucht Claudia, dem Geheimnis des weißen Schönheitsideals auf die Spur zu kommen. Die rosigen, blauäugigen Puppen, die ihr zu Weihnachten geschenkt wurden, kann sie nicht lieb haben, wie es die Erwachsenen von ihr erwarten; sie zerstückelt sie. Dabei endet der Zerstörungsimpuls nicht bei diesen Puppen, sondern überträgt sich auf kleine weiße Mädchen. Und dies ist *das wahrhaft Entsetzliche. [...] Die Gleichgültigkeit, mit der ich sie hätte zerhacken können, wurde nur durch meinen Wunsch, es zu tun, erschüttert. Herausfinden, was mir entging: das Geheimnis des Zaubers, den sie auf andere ausübten. Was bewog die Leute, sie anzusehen und «Ahhh!» zu sagen, aber nicht zu mir? Wie die schwarzen Frauen die Augen verdrehten, wenn sie sich ihnen auf der Straße näherten [...]. Wenn ich sie kniff, drückten sie vor Schmerzen die Augen zu – anders als die blöde glitzernden Augen der Babypuppen – [...] ein faszinierender Schmerzensschrei. Als ich erfuhr, wie abstoßend diese gleichgültige Gewalt war, [...] wußte ich nicht, wohin mit meiner Scham. Das beste Versteck war Liebe. Daher die Bekehrung von echtem Sadismus zu künstlichem Haß, zu betrügerischer Liebe. Es war ein kleiner Schritt auf Shirley Temple zu. Viel später lernte ich sie anbeten, so wie ich lernte, daß Sauberkeit etwas Schönes sei, doch auch wenn ich es lernte, wußte ich, daß die Veränderung Anpassung war und keine Besserung.* (SbA, S. 21 f.) Wenn das Schamgefühl auch anders begründet ist – bei Claudia wird es durch ihren sadistischen Impuls hervorgerufen, während Pecolas Scham auf ihrer Selbstverachtung beruht –, so wirkt es sich bei beiden Mädchen nachteilig auf ihren Charakter aus.

Grundsätzlich aber erweist sich Claudias rebellische Einstellung als eine Frage des Alters. Da sie jünger als Frieda und Pecola ist, hat sie in ihrer seelischen Entwicklung noch nicht den Wendepunkt erreicht, der es ihr erlaubt hätte, Shirley Temple zu verehren. Der schrittweise Weg der Indoktrinierung führt vom puren, wohltuenden Hass über den Sadismus zur betrügerischen Liebe und schließlich zur Anbetung. Morrison gibt einen genauen Einblick in die psychologischen und sozialen Zwänge, unter denen die Kinder zu einem selbstverneinenden Ich-Verständnis finden.

Auch die Erwachsenen haben diesen Lernprozess vollzogen, ohne sich ihrer psychologischen Motivationen und der nachteiligen Wirkungen bewusst zu werden. Dass nahezu alle den weißen Standard verinnerlicht haben, zeigt sich an den schwarzen Frauen, die beim Anblick weißer Mädchen die Augen verdrehen und angetan «Ahhh!» sagen, aber nicht bei ihren eigenen dunklen Kindern. Somit ist es nicht verwunderlich, dass sie unfähig sind, ihren Kindern ein positives Selbstbild zu vermitteln. Toni Morrison veranschaulicht die psychologischen Dispositionen anhand von Porträts dreier sehr unterschiedlicher Frauen – Geraldine, Mrs. Breedlove und Mrs. MacTeer. Bei Cholly Breedlove, dem Vater, ist die Situation wiederum anders.

Die hübsche milchbraune Geraldine gehört zu einer Gruppe von Frauen, die aus den Südstaaten kommen und einen ganz eigenen Charme besitzen. *Meridian. [...] Wenige Menschen können den Namen ihrer Heimatstadt mit so listiger Zärtlichkeit aussprechen. Vielleicht weil sie keine Heimatstadt haben, nur einen Ort, wo sie geboren sind. Aber diese Mädchen sind vom Saft ihrer Heimatstadt durchtränkt und er verläßt sie nie.* (SbA, S. 67) Sie besuchen staatlich subventionierte Lehranstalten, wo sie *lernen, wie man kultiviert für den weißen Mann arbeitet,* wo sie also zur Dienstfertigkeit erzogen werden. Hauswirtschaftslehre, Pädagogik, Musik sind die wichtigen Fächer; dazu kommt *gutes Benehmen. Die sorgsame Entwicklung von Sparsamkeit, Geduld, hochstehender Moral und guten Manieren. Kurzum, sie lernen, den Bammel loszuwerden. Den schrecklichen Bammel vor der Leidenschaft, den Bammel vor der Natur, den Bammel vor dem weiten Bereich menschlicher Gefühle.* (SbA, S. 67 f.) [44] Der Preis, den diese Mädchen für die Erlangung ihrer Tugenden zahlen, ist beträchtlich, denn er fordert die Unterdrückung der eigenen Natur, ihrer Sinnlichkeit und ihrer Gefühlswelt. Es heißt zwar immer, dass sie heiraten, doch bringt die Ehe weder der Frau noch dem Ehemann Glück und Befriedigung, auch wenn sie, wie Geraldine, eine Art Mittelstandstatus erreicht haben. Auch die Kinder fallen dieser

Toni Morrison bei der Eröffnung des Toni-Morrison-Saals in
der Lorain Public Library, 22. Januar 1995. Von links nach rechts:
Neffe Kenneth Brooks, Bibliotheksleiter Norman Herschelman,
Toni Morrison, Sohn Ford, Dichterin Sonia Sanchez und der
US-Kongressabgeordnete Sherrod Brown

seelischen und sinnlichen Verkümmerung zum Opfer. Geraldine
befriedigt zwar alle äußerlichen Bedürfnisse ihres Sohnes Louis
Junior, bringt ihm aber keine Herzlichkeit entgegen. Später darf
er nur mit weißen Kindern und nicht mit «Niggern» spielen (die
Mutter erklärt ihm genau den Unterschied zwischen Farbigen, zu
denen er gehört, und «Niggern», die schmutzig, laut und ordinär
und unter seiner Würde sind); sein Haar ist so kurz wie möglich
geschnitten, um jede Andeutung von Wolle zu vermeiden, und
der Scheitel vom Barbier ausrasiert. Innerlich und äußerlich wird
Junior so sehr dem Vorbild eines weißen Jungen angeglichen, dass
er schließlich nichts als Verachtung für die früher von ihm bewunderten schwarzen Jungen spürt. Die Schulkameradin Pecola
wird zum idealen Opfer seiner grausamen Impulse.

Für Geraldine hingegen wird Pecola zum Inbegriff all dessen,
was sie ihr Leben lang bekämpft hat und vor dem sie sich gerettet

hatte: *Sie sah Pecola an. Sah das schmutzige, zerrissene Kleid, die vom Kopf abstehenden Zöpfe und, wo die Zöpfe aufgegangen waren, verfilztes Haar, die beschmutzten Schuhe, zwischen deren billigen Sohlen das Gummipolster herausschaute, die verdreckten Socken – einer war in die Ferse des Schuhs gerutscht. Sie sah die Sicherheitsnadel, die den Saum des Kleides festhielt.* Geraldine hat dieses Kind schon oft gesehen, besonders im Süden, verarmt und vernachlässigt, waren ihrer so viele, dass sie sich weder schämten noch irgendetwas in Frage stellten. *Wo sie wohnten, wuchs kein Gras. Die Blumen gingen ein. Die Fensterläden fielen aus den Angeln, Blechbüchsen und Autoreifen erblühten [...]. Wie Fliegen schwirrten sie umher; wie Fliegen ließen sie sich nieder. Und diese hatte sich in ihrem Haus niedergelassen. [...] «Raus», sagte sie in ruhigem Ton. «Du scheußliches, kleines schwarzes Dreckstück. Mach, daß du rauskommst.»* (SbA, S. 75 f.) Das Bild der hübschen braunen Frau, die, anstatt sich des zerkratzten, verweinten Mädchens anzunehmen, ihren toten Kater in den Armen hält, ist fast noch deutlicher, als ihre Gedanken es sind. Angst- und Schamgefühle verbieten jegliches Mitleid und münden in grausamer Hartherzigkeit.

Auch Pauline Breedlove, Pecolas Mutter, kommt aus dem Süden. Sie ist das neunte von elf Kindern einer Familie, die sieben Meilen von der nächsten Straße entfernt wohnte. Mit ihrem verkrümmten Fuß, der beim Gehen schlenkert, fühlte sie sich ungeliebt und nirgends zu Hause. Als eines Tages der junge Cholly erscheint und diesen Fuß küsst, sieht sie in ihm den von ihr ersehnten *Jemand mit sanften forschenden Augen, der alles verstand.* (SbA, S. 90) Auch Pauline zieht nach Lorain, zusammen mit ihrem Cholly. Die anfängliche Liebe fällt jedoch den Schwierigkeiten der Umsiedlung und der seelischen Armut der beiden zum Opfer und endet in Zank, Gewalttätigkeiten und Hass. Pauline flüchtet sich ins Kino, wo sie neben der Idee der romantischen Liebe die der physischen Schönheit kennen lernt. *Wahrscheinlich die zerstörerischsten Ideen in der Geschichte menschlichen Denkens. Beide sind aus Neid entsprungen, in Unsicherheit gediehen und in Desillusionierung geendet. Indem sie physische Schönheit gleich Tugend setzte, entblößte und fesselte sie ihren Geist und sammelte haufenweise Selbstverachtung. Sie vergaß Wollust und schlichtes Liebhaben, sie betrachtete die Liebe als besitzgierige Paarung und Romantik als Ziel des Geistes.* (SbA, S. 97) Die psychologischen Mechanismen, denen Pauline anheim fällt, werden von der Erzählerin aufs Genaueste beschrieben. Hier hat Pecolas Selbstverachtung ihren Ursprung, denn Mrs. Breedloves Vorsatz, ihr Baby lieb zu haben, erweist sich als unmöglich, da das Kind in ihren Augen *hässlich* ist. Somit überträgt sie ihre mütterliche Sorge auf das weiße Kind und das Heim der Familie, für die sie arbeitet. Hier kann sie Ordnung schaffen, und hier findet sie die Schönheit, nach der sie sich so sehr sehnt. Hier kann sie der eigenen Familie und Ladenwohnung, wo eine entwürdigende Armut herrscht, entkommen.

Auch Mrs. MacTeer ist keine überschwänglich liebevolle Mutter. Das Leben ist zu hart und erlaubt ihr selten, sich an und mit den Kindern zu freuen. Der Missmut nimmt leicht überhand, und die erkrankte Claudia erkennt zuerst nicht, dass der Ärger der Mutter nicht ihr, sondern der gefährlichen Krankheit gilt. Erst später kommt sie zu der Einsicht, dass die Liebe der Mutter sie umsorgt hatte. *Und so denke ich, wenn ich an den Herbst denke, an die Hände von jemand, der nicht will, daß ich sterbe.* (SbA, S. 13) Mrs. MacTeer erweist sich als mehr als großzügig, indem sie Pecola aufnimmt. Und Mrs. MacTeer hat überdies die seltene Fähigkeit, nachdem sie die Mädchen ungerechterweise gescholten und beinahe geschlagen hatte, sie an sich zu ziehen und auf diese Art um Verzeihung zu bitten. Die MacTeer-Familie ist zwar streng und moralistisch; die Sorge um das Wohlergehen der Töchter steht jedoch außer Frage. Als Frieda sich über die Belästigungen des Untermieters Mr. Henry beklagt, wird dieser unverzüglich und für immer aus dem Haus verjagt. Im Laufe der Geschichte wird deutlich, dass der innere Halt, den Claudia und Frieda von ihren Eltern bekommen, der verheerenden Wirkung des weißen Schönheitskodex entgegenwirkt.

Ebenso deutlich wird, dass das Schicksal Pecolas nicht anders hätte verlaufen können. Paulines Hass auf und Absage an ihre Familie und ihr Zuhause entsprechen Chollys Unfähigkeit zu menschlichen und besonders zu familiären Beziehungen, sein Versinken im Alkoholismus und schließlich die Vergewaltigung seiner elfjährigen Tochter, auf die er in seiner betrunkenen Dumpfheit deshalb aufmerksam wird, weil sie ein so erbärmliches Bild bietet. Cholly, von Hass und Mitleid bewegt, hat keine Ahnung, was er für sie tun könnte. Er selber erlebte mit dreizehn Jahren so viel Demütigendes, dass er sich von aller Moral und Sittlichkeit befreit fühlt. Sein Leben, angefüllt mit durchdringendem Schmerz, ist laut der Erzählerin nicht in Worte zu fassen: *Die Stücke von Chollys Leben könnten nur im Kopf eines Musikers zusammengefügt werden. [...] Nur ein Musiker würde spüren, wissen, sogar ohne von diesem Wissen zu wissen, daß Cholly frei war. Gefährlich frei. Frei zu fühlen, was immer er fühlte – Angst, Schuld, Scham, Liebe, Kummer, Mitleid. Frei, zärtlich oder gewalttätig zu sein, zu pfeifen oder zu weinen. [...] In jener Zeit war Cholly wahrhaft frei. Von seiner Mutter auf einem Müllhaufen ausgesetzt, von seinem Vater für ein Würfelspiel verstoßen – er hatte nichts mehr zu verlieren. Er war allein mit seinen eigenen Wahrnehmungen und Gelüsten, und sie allein interessierten ihn.* (SbA, S. 128)

  Sehr blaue Augen ist das erste Buch, in dem Toni Morrison der Frage nach den verheerenden Folgen eines schädlichen, fremden, aber allgemein verinnerlichten Denkens nachgeht, einer Frage, die in vielen Variationen immer wieder aufgegriffen wird. Die fast automatische Verinnerlichung rassistischen Denkens erweist sich als das wahrhaft Zerstörerische. Pecolas Begegnung mit dem fünfzigjährigen Immigranten Mr. Yacoboski, dem einzigen Weißen in der Erzählung, ist so vernichtend, nicht weil er ihr besonders feindlich gesinnt ist, sondern weil sie, das kleine schwarze Mädchen, seine Gleichgültigkeit, den leeren Blick, als Verachtung interpretiert und akzeptiert. Aber wenn in dieser Geschichte die Figuren durch ihre immer unterschiedlich bedingten psychologischen Dispositionen verständlich werden, bedeutet dies nicht, dass sie von der Autorin aus der Verantwortung entlassen werden. Armut und Unterdrückung mögen diese hervorbringen, sind aber keine Entschuldigung für gedankenlos zugefügte Schmerzen, leichtfertige Urteile, falsche oder verzerrte Gefühlsregungen. Im Gegenteil, die Veranschaulichung des ganzen Problemkomplexes ist eine Aufforderung zu eigenem Denken und Handeln.

Toni Morrisons zweiter Roman *Sula* erschien 1973. Sie schrieb ihn zur Zeit der neuen Frauenbewegung, die sich mit und aus der Bürgerrechtsbewegung entwickelt hatte, vor allem aber an weiße Mittelstandsfrauen gerichtet war. Morrison hatte ein anderes Anliegen. Wie schon in *Sehr blaue Augen* stellt die Autorin auch in *Sula* dem vereinfachenden herrschenden Denken eine viel kompliziertere Welt entgegen. Die Geschichte handelt zwar von den Bemühungen einer jungen Frau um Selbstbestimmung, doch entfaltet sie sich im Rahmen der begrenzten Handlungs- und Wirkungsmöglichkeiten der Afroamerikaner in der ersten Hälfte des 20. Jahrhunderts. Sulas Leben, das die Jahre 1910 bis 1940 umspannt, ist zeitlich und sozial weit von den feministischen Zielen der sechziger und siebziger Jahre entfernt.

Zunächst scheint der zweite Roman eine Fortführung des ersten zu sein. Schauplatz ist wiederum der schwarze Teil einer (diesmal fiktiven) Provinzstadt in Ohio, und die Hauptfiguren sind wiederum Mädchen, von denen eine als Erwachsene zum Paria erklärt wird. Bei näherem Hinsehen ist *Sula* jedoch ein ganz anderes Buch. Hier geht es nicht um die Erkundung einer Opfermenta-

Umschlag der amerikanischen Erstausgabe von «Sula», 1973

lität, sondern um Strategien des Überlebens und im Fall der Hauptfigur Sula sogar um einen eigenen Lebensentwurf. Auch lässt sich diese Erzählung nicht mehr durch soziale und psychologische Kategorien erfassen, denn die Charaktere, obwohl in der afroamerikanischen Wirklichkeit verankert, sind so extrem und widersprüchlich, dass sie oft unglaubhaft und grotesk wirken: Eine Mutter zündet ihren erwachsenen Sohn an; eine Tochter schaut neugierig und unbeteiligt zu, wie ihre Mutter verbrennt; zwei kleine Mädchen werden am Tod eines Jungen schuldig, der beim Spiel ihren Händen entgleitet und im Fluss verschwindet; ein traumatisierter Kriegsheimkehrer gründet den alljährlichen Nationalen Selbstmordtag.

Der Schlüssel zu dieser Erzählung liegt nicht mehr in der Erkundung gesellschaftlich bedingter psychologischer Motivationen wie in ihrem Erstlingswerk. Er ist vielmehr auf der symbolischen und bildlichen Ebene zu suchen. Ein Gewebe von Bildern, Beziehungen, Assoziationen, Metaphern, Wiederholungen entsteht, durch welches alle möglichen Probleme beleuchtet, aber nicht gelöst werden. Es geht um Fragen nach Gut und Böse, Arten der Mutterliebe, Selbstbehauptung oder Anpassung an die Gemeinde und vor allem um die Freundschaft zwischen zwei Frauen. Doch erweist sich am Ende keine der Personen als gut oder auch nur vornehmlich gut, während das Böse ebenfalls nicht eindeutig erscheint und oft eine Sache der Auslegung bleibt. Die Frage nach weiblicher Selbstverwirklichung und Unabhängigkeit wird nicht gelöst. Mutterliebe erweist sich trotz extremer Opfer als problematisch und sogar zerstörerisch. Die Freundschaft zwischen den beiden Frauen besteht vor allem als verspätete Einsicht in diese, im praktischen Leben aber scheitert sie. Mit *Sula* hat sich Toni Morrison endgültig von einer traditionell realistischen Schreibweise entfernt.

Die Geschichte verläuft chronologisch von 1919 bis 1927, macht dann einen Sprung ins Jahr 1937 und einen weiteren von 1941 bis 1965. Sie konzentriert sich also auf die Jahre zwischen den großen historischen Ereignissen – Erster Weltkrieg, Weltwirtschaftskrise, Zweiter Weltkrieg, Bürgerrechtsbewegung. Hintergrund des Geschehens sind die so genannten normalen Zeiten, die für die schwarze Bevölkerung jedoch von der üblichen Armut und Diskriminierung geprägt sind. Gegenstand der Erzählung ist, laut Toni Morrison, *nicht das ökonomische Überleben, sondern wie man es schafft, unversehrt in einer Welt zu überleben, in der wir alle mehr oder weniger Opfer sind* [45]. Dieses «unversehrt überleben» erweist sich im Romangeschehen allerdings als Unmöglichkeit. Überleben fordert extremen Mut und extreme Opfer, die bis zur Selbstaufopferung, Verstümmelung und Selbstverstümmelung reichen.

Angefangen mit dem *Niggerwitz*, der die befreiten Sklaven von Medallion auf den schwer bebaubaren Hügel, den *Bottom* verbannt, während die Weißen das fruchtbare Flussland für sich behalten, veranschaulichen die ersten drei Kapitel stichprobenartig Lebensbedingungen, die die bizarren Charakterzüge und Verhaltensweisen der Figuren verständlicher werden lassen. Denn *Bottom* bedeutet ja nicht nur Boden, Grund, unteres Ende oder Saum,

Toni Morrison mit ihren Eltern in Lorain, 1974

sondern auch Hinterteil, veranschaulicht also sardonisch genau die Stellung der Schwarzen in der amerikanischen Gesellschaft – missachtet und gehasst, sind sie zugleich der solide Boden, diejenige Schicht, die wie keine andere zum wirtschaftlichen Aufstieg des Landes beigetragen hatte und doch immer am Abgrund leben musste. Die Verbindung schwarzen Lebens und schwarzer Menschen mit dem Niedrigen, Schmutzigen und dem Bereich des Fäkalen zieht sich durch das ganze Buch. Die Schilderungen sind krass und zart zugleich. Krass sind die Umstände und oft auch die Handlungen, während die jeweiligen Personen mit äußerster Behutsamkeit dargestellt werden.

Dieses scheinbare Missverhältnis zwischen Gewaltsamkeit und zartestem Feingefühl ist das, was Toni Morrisons Schreiben von nun an besonders kennzeichnet. Es ist ihre Art, den übersehenen Menschen eine Stimme zu verleihen und ihre Menschlichkeit und Poesie, ihre Widersprüchlichkeit und Rätselhaftigkeit, aber auch ihre Kraft, List und Klugheit zu veranschaulichen.

Die Geschichte des aus dem Ersten Weltkrieg zurückgekehrten Soldaten Shadrack im ersten Kapitel steht paradigmatisch für den schwarzen Mann, der weitgehend fremden und feindlichen

Mächten ausgeliefert ist. Mit einer schweren Kriegsneurose belastet, wird Shadrack nach Jahresfrist aus dem Asyl entlassen und auf die Straße gesetzt. Körperlich geschwächt und völlig unfähig, sich zurechtzufinden – seine Hände nehmen gigantische Ausmaße an, sobald er sie ansieht –, bricht er im nächsten Ort zusammen, wird von der Polizei wegen Landstreicherei und Trunkenheit aufgegriffen und ins Gefängnis geworfen. Hier verfolgt Shadrack auf der Pritsche seiner Zelle eine Idee, die ihn schon lange beschäftigt hat und die ihm jetzt hilft, auf seine Art zu sich selber zurückzufinden. Er verlangt danach, sein eigenes Gesicht zu sehen, denn *wenn seine Hände sich schon so benahmen, [...] was konnte er da von seinem Gesicht erwarten?* (Su, S. 14) *Er sah sich nach einem Spiegel um – es gab keinen. Schließlich machte er sich, die Hände sorgsam hinter dem Rücken versteckt, auf den Weg zur Toilettenschüssel und blickte verstohlen hinein. Das Wasser wurde von der Sonne ungleichmäßig beleuchtet, so daß er nichts erkennen konnte. Er ging zu seiner Pritsche zurück, nahm die Decke und bedeckte sich den Kopf, wodurch das Wasser dunkel genug wurde, um ihn sein Spiegelbild sehen zu lassen. Dort im Wasser der Toilette sah er ein ernstes schwarzes Gesicht. Ein so bestimmtes, so eindeutiges Schwarz, daß es ihn überraschte. Er hatte unruhige Befürchtungen gehegt, daß er nicht wirklich sei, daß er gar nicht existiere. Aber als die Schwärze ihm mit nicht zu leugnendem Vorhandensein vor Augen stand, wünschte er sich nichts mehr. In seiner Freude wagte er es, einen Zipfel der Decke fallen zu lassen, und sah sich seine Hände an. Sie waren still. Zuvorkommend still.* (Su, S. 17 f.) Dieses Bild eines von Ängsten heimgesuchten jungen Mannes, der sein Gesicht nur in der Toilettenschüssel betrachten kann, ist in seiner absoluten Nüchternheit erschütternd. Es ist nicht nur das pure Gegenbild zur Narzissus-Legende, sondern verdeutlicht auch die unerbittliche Indifferenz der Gesellschaft gegenüber dem Leiden eines schwarzen Menschen, der wohl nur zufällig in ein größeres nationales und patriotisches Unternehmen hineingezogen wurde. Shadrack bleibt auch nach seiner «Selbstfindung» verrückt, beginnt aber auf dem Weg zurück in seinen alten Wohnort Medallion einen mühsamen Kampf um eine Ordnung, durch die er seine Angst bezähmen kann. Er erfindet den Nationalen Selbstmordtag.

Auch Helene Wright hatte sich in Medallion eine Ordnung zurechtgelegt, weit weg von ihrem zwielichtigen Ursprung im tiefen Süden. Im *Bottom* ist sie eine geachtete Frau, mit bürgerlichen Anmaßungen, und glaubt sich – 1920 – auch für eine Reise in die Stadt ihrer Kindheit *bestens geschützt [...] durch ihr Auftreten und ihr Verhalten, denen sie noch ein schönes Kleid hinzufügen würde.* (Su, S. 22 f.) Doch zeigt Helenes Geschichte, wie ihre auf Äußerlichkeiten gegründete Ordnung im Zusammenprall mit dem Jim-Crow-System fast sofort zusammenbricht. Sie hatte Medallion noch nicht verlassen, war nur irrtümlicherweise mit der elfjährigen Tochter Nel in den für Weiße reservierten Wagen eingestiegen, und schon erschien der weiße Schaffner und redete sie mit *Girl* an. *So bald. So bald. Sie hatte die Reise zurück noch nicht einmal begonnen. [...] All die Verwundbarkeit von früher, all die Ängste von früher, irgendwie gebrandmarkt zu sein, sammelten sich in ihrem Magen und ließen die Hände zittern.* (Su, S. 23 f.) Die sorgfältig geübte Haltung wird durch ein Verlangen zu gefallen ersetzt, und die Tochter muss zusehen, wie ihre Mutter nach weiteren Beleidigungen plötzlich und aus keinem ersichtlichen Grund lächelte: *Wie ein junger Straßenhund, der an dem Türrahmen genau des Schlachtergeschäfts mit dem Schwanz wedelt, von dem er kurz zuvor mit Fußtritten verjagt worden ist, so lächelte Helene. Lächelte dem Schaffner strahlend und kokett ins lachsfarbene Gesicht.* (Su, S. 24 f.) Es war der Beginn einer Reise nach New Orleans, die von Erniedrigung zu Erniedrigung führt (veranschaulicht durch die immer primitiver werdenden und schließlich ganz fehlenden Toiletteneinrichtungen) und beim Ursprung

Die Jim-Crow-Gesetze

Mit Jim Crow bezeichnet man in der Umgangssprache die Gewohnheiten und Gesetze, auf denen das um 1880 besonders im Süden der USA in Kraft getretene System der Rassentrennung beruhte. 1896 erklärte das Oberste Bundesgericht, die höchste gerichtliche Instanz der USA, diese Gesetze für verfassungsgemäß. Schwarze und Weiße lebten von dem Zeitpunkt an getrennt voneinander.

Die ehemaligen Sklaven, die 1863 im Laufe des Bürgerkriegs von Präsident Abraham Lincoln befreit worden waren, fanden sich nun, angesichts der an allen öffentlichen Orten aufgestellten Schilder «Nur für Weiße» und «Farbige», erneut diskriminiert und erniedrigt. Sie wurden in allen Bereichen öffentlichen Lebens gesetzlich und praktisch entrechtet und schutzlos der Lynchjustiz preisgegeben. Erst 1954 erklärte der Oberste Gerichtshof in einer Grundsatzentscheidung die Rassentrennung in den Schulen für verfassungswidrig. Doch ist faktisch die Rassentrennung in den USA auch heute noch nicht endgültig aufgehoben.

Alltagsszene aus der Zeit der Jim-Crow-Gesetze und Rassen-trennung, 1950

ihrer vermeintlichen Schande endet – bei der Wiederbegegnung mit einer Mutter, die ihr Prostituiertendasein zu akzeptieren schien, und der toten Großmutter, die Helene vor einem ähnlichen Schicksal bewahrt hatte. Helenes Ordnung kann nur in der engen Welt des schwarzen Medallion und nicht in der weiteren, härteren bestehen. Dies ist die Lehre, die die Tochter von der Reise mit nach Hause bringt. Sie hatte nicht nur die Ängste und Erniedrigungen miterlebt, sondern auch gesehen, wie hasserfüllt die aus dem Weltkrieg zurückgekehrten schwarzen Soldaten im Zug auf die kriecherisch lächelnde Mutter geblickt hatten. Die Tochter ist überdies von der Exotik und Sinnlichkeit ihrer Großmutter, einer Kreolin im kanariengelben Kleid, fasziniert, für die die Mutter nur Verachtung übrig hatte. Es gab also – anders als das Beispiel der Mutter zeigt – Möglichkeiten des Widerstandes, durch die die Selbstachtung gewahrt werden konnte. Während Helene nach der Rückkehr einfach wieder Zuflucht in ihrem sauberen kleinen Haus findet, führen die auf der Reise gesammelten Eindrücke bei der elfjährigen Nel zu einem neuen Selbstbewusstsein, das sie für die Freundschaft mit der unkonventionellen Sula vorbereitet.

Die dritte exemplarische Geschichte handelt von der einbeinigen Eva Peace, Sulas Großmutter, die eine Gegenfigur zu Helene Wright darstellt. Im Jahre 1921 ist sie *Schöpfer und Herrin [eines] kolossalen Hauses* voller Zimmer, Türen und Treppen. Sie sitzt in ihrem aus einem Kinderwagen und Schaukelstuhl gebastelten Rollstuhl im dritten Stock, von wo aus sie *die Geschicke von ihren Kindern und Freunden, von Obdachlosen und einem nie abreißenden Strom von Kostgängern lenkte.* (Su, S. 32) Als junge Mutter mit drei Kindern, von ihrem Mann verlassen, hatte sie sich jedoch in bitterster Not gefunden. Die Härte ihres Lebens, aber auch ihre Findigkeit zeigen sich daran, wie sie einmal Plum, ihren Jüngsten, gerettet hat: Der Kleine hatte plötzlich keine Darmbewegung mehr, und so trug sie ihn mitten in der Nacht ins Klohäuschen hinaus und öffnete ihm mit dem letzten Essbaren, etwas Schmalz, *das ihm die Schmerzen ersparen sollte, wenn sie den Finger hineingleiten ließ, [...] den Darm [...], um den Kot herauszuholen.* (Su, S. 67) Die Erinnerung *an die beißende Kälte und de[n] Gestank jenes Klohäuschens* lassen Eva Peace auch an den heißesten Tagen noch *erzittern.* (Ebd.) Der Verlust ihres Beines hängt ebenfalls mit der mütterlichen Fürsorge zusammen. So heißt es, sie habe es unter einen Zug gehalten, um von der Versicherung Geld dafür zu kassieren. Das vor dem Leser entstehende Bild einer bewundernswerten Matriarchin, einer alles und alle umsorgenden, findigen schwarzen Mammy-Figur erweist sich im Laufe der Erzählung indes als äußerst fragwürdig. Auf die Frage ihrer Tochter Hannah, ob sie ihre Kinder geliebt, genauer, ob sie mit ihnen gespielt habe, antwortet Eva: *Gespielt? 1895 hat keiner gespielt.* (Su, S. 65) Das Gespräch zwischen Mutter und Tochter verdeutlicht, dass Evas Mutterliebe sich in Sorge und Fürsorge erschöpfte. Für Spiel und Liebkosungen gab es dabei keinen Raum.

Auch führen die extremen Opfer, die Eva zu bringen gezwungen war, dazu, dass sie sich berechtigt fühlt, wie eine Schicksalsgöttin über Tod und Leben zu entscheiden. Sie bringt Plum, den einzigen Sohn, um, weil der drogensüchtig gewordene Kriegsheimkehrer, wie sie erklärt, in ihren Schoß zurückkehren wollte. Er aber sollte *«wie 'n Mann sterben [...], nicht ganz zerquetscht in meinem Bauch, sondern wie 'n Mann».* (Su, S. 68) Für ihre Tochter Hannah hingegen, deren Kleid Feuer gefangen hatte, hievt sie sich aus dem Fenster, um den Brand mit ihrem eigenen Körper zu löschen.

Alle drei Schicksale sind von Verlust, Trauma, Erniedrigungen und Entbehrung gekennzeichnet. Überleben erfolgt auf der niedrigsten Ebene. Obwohl sie einander in der Geschichte kaum berühren, sind Helene, Eva Peace und auch Shadrack – nachdem man sich an seine Verrücktheit gewöhnt hatte – Teil der schwarzen Gemeinschaft von Medallion, einer zwar intakten, aber unter den gegebenen Bedingungen notgedrungen rigiden und konservativen Gemeinschaft; einer Gemeinschaft, die sich anhand eines komplizierten Regelsystems eine Art Gleichgewicht zwischen Verzweiflung und Hoffnung geschaffen hat[46], um das Leben einigermaßen erträglich zu machen; einer Gemeinschaft, die zwar Abweichungen und sogar das Böse zu tolerieren weiß, aber nicht gewillt ist, Experimente gutzuheißen oder zu fördern.

In diese harte Welt setzt Toni Morrison nun eine Figur, die sich als Kind und als junge Frau über alle Gegebenheiten hinwegsetzt und ihr Leben als Experiment betrachtet. Sula frönt einzig ihrer Abenteuerlust und einer wahllosen und egoistischen Neugierde. Ihr kurzes Leben wird eingangs durch die Beziehung zu ihrer Freundin Nel veranschaulicht. *Weil beide schon vor Jahren herausgefunden hatten, daß sie weder weiß noch männlich waren und daß sie von jeder Freiheit und jedem Triumph ausgeschlossen waren, hatten sie sich darangemacht, etwas anderes zu schaffen, was sie sein konnten. Ihre Begegnung war ein Glücksfall, denn sie gestattete ihnen, aneinander zu wachsen. Töchter von verschlossenen Müttern und unbegreiflichen Vätern (Sulas, weil er tot war, und Nels, weil er nicht tot war), fand jede in den Augen der anderen die Vertrautheit, die sie gesucht hatte.* (Su, S. 50f.) Die intensive Freundschaft ermöglicht den beiden so unterschiedlich veranlagten Mädchen, Möglichkeiten eines alternativen Denkens zu erproben – auf eigene Art *zu glänzen und glitzern*, also zu sich selbst zu finden. Doch Nels Versuch endet mit ihrer Heirat und der dadurch bedingten Unterordnung und Anpassung an die gegebenen gesellschaftlichen Normen. Sula geht ihren Weg allein weiter. Sie verlässt Medallion, besucht das College, hält sich in den großen Städten auf und kehrt erst zehn Jahre später zurück, begleitet von einer Unheil verkündenden Rotkehlchenplage. Von nun an wird Sula hauptsächlich in ihrer Gegensätzlichkeit zur Gemeinde gezeigt, die ihr Rebellentum als Verkörperung des Bösen sieht. Entschlossener denn je, ihr Leben ganz nach ihrem Gutdünken zu führen, weist Sula alle für schwarze Frauen in Frage kommenden Rollen zurück: *«Ich will keine andern machen. Ich will mich selbst machen.»* (Su, S. 87) Noch auf dem Sterbebett besteht sie auf ihrer absoluten Unabhängigkeit. Im letzten Gespräch zwischen den beiden inzwischen entfremdeten Freundinnen weist sie Nels Einwand zurück, dass sie als farbige Frau nicht alles tun und haben könne: *«Du sagst, ich bin eine Frau und farbig. Ist das nicht dasselbe wie ein Mann? [...] Du glaubst, ich weiß nicht, wie dein Leben aussieht, bloß weil ich es nicht lebe? Ich weiß, was jede farbige Frau in diesem Land tut. [...] Sterben. Genau wie ich. Aber der Unterschied ist, daß sie sterben wie ein verfaulter Baumstumpf. Ich, ich werde fallen wie einer von diesen Mammutbäumen. Ich hab wirklich gelebt in dieser Welt.»* (Su, S. 131)

Worin besteht dieses «wirkliche» Leben? Sula geht es nicht um Vorwärtskommen, um materielle Verbesserung oder um Besitz. College-Bildung und die weite Welt sind keine Antwort auf ihre Suche. Aber auch in Medallion scheint sie weder Wirkungs- noch Selbstentfaltungsmöglichkeiten zu verfolgen. Ihre Art, die Welt aus eigener Sicht zu interpretieren, sich zu nehmen, was sie gerade begehrt, besonders die Ehemänner anderer Frauen, einschließlich Nels, den Leuten taktlos die Wahrheit ins Gesicht zu schleudern, oder die eigene Großmutter ins Altersheim zu verbannen – diese Eigenheiten sind Ausdruck ihrer Ablehnung kollektiven Zusammenlebens. Sie empfindet Mitleid weder mit sich noch mit anderen. Sie stirbt allein und verfolgt ihren eigenen Tod mit demselben kühlen Interesse, mit dem sie auch schon denjenigen ihrer Mutter beobachtet hatte. Aber die Frage, wer gut und wer böse gewesen sei, Nel oder sie, bleibt ungelöst. Nur ein einziges Mal scheint ihre *Sehnsucht nach der anderen Hälfte ihrer persönlichen Gleichung* in Erfüllung zu gehen. Das ist während ihrer Liebe zu Ajax, einem Mann, der schön, stolz und frei von den üblichen vorgefassten Meinungen ist, mit dem sie außerdem wirkliche Gespräche führen kann. Da aber fällt Sula in die konventionelle weibliche Rolle zurück, wird häuslich und besitzergreifend und verliert ihn.

Sulas Lebensentwurf ist notgedrungen zum Scheitern verurteilt. Unfähig, ihre außergewöhnliche Vorstellungskraft zu nutzen, erweist sich ihr Experiment als beunruhigend, irritierend und fragwürdig. *Hätte sie Farben gehabt, oder Ton, etwas vom Tanz oder von Streichinstrumenten verstanden, wäre irgend etwas dagewesen, was ihre gewaltige Neugier, ihre Begabung für Metaphern hätte fesseln können, vielleicht hätte sie ihre Ratlosigkeit und ihre Launenhaftigkeit gegen eine Tätigkeit ausgetauscht, die sie mit allem dem versorgte, wonach sie sich sehnte. Und wie jeder Künstler ohne Ausdrucksmöglichkeit wurde sie gefährlich.* (Su, S. 113) Sulas Aufmerksamkeit ist einzig auf die Erkundung ihrer selbst gerichtet und geht nicht über die Absage an das konventionelle Wertesystem der Gemeinde hinaus. Die Gemeinde reagiert ihrerseits, indem sie Sula zum Paria und zur Hexe erklärt.

Aber auch die Anpassung an die Gemeinschaft hätte keine Lösung geboten. Die gleiche Toleranz, mit der die Mehrzahl der Schwarzen das Böse seinen Lauf nehmen ließ, bewegt sie auch dazu, die althergebrachten Zwänge, Entbehrungen und Erniedrigungen in Kauf zu nehmen. Die körperlichen und psychischen Verstümmelungen und Selbstverstümmelungen sind das Ergebnis notgedrungener Überlebensstrategien innerhalb eines ihnen feindlich gesinnten Systems. Nur ein Mal, am Selbstmordtag 1941, schafft sich die sorgfältig gedämmte Wut der Einwohner im *Bottom* Luft. Doch endet dieses an eine Verzweiflungstat grenzende Aufbegehren im Tod vieler Demonstranten im Fluss beim nie vollendeten Tunnel, dem Ort, *wo ihre Hoffnungen seit 1927 ruhten. Dort lag das Versprechen: abgestorben wie welke Blätter. Die Zähne nicht in Ordnung gebracht, der Kredit für Kohle gesperrt, die Schmerzen in der Brust unversorgt, die Schuhe für die Schule ungekauft, die mit Seegras gefüllten Matratzen, die kaputten Toiletten, die windschiefen Veranden, die verschluckten Bemerkungen und die niederschmetternde, kindische Bosheit ihrer Arbeitgeber.* (Su, S. 147)

Ganz zuletzt wird der Blick noch einmal auf Sula gelenkt. 1965 wird sich Nel plötzlich bewusst, dass sie all diese Jahre nicht ihren Ehemann, sondern das Zusammensein mit der Freundin vermisst hatte. Diese Einsicht in die Möglichkeiten einer intensiven und die Selbstbejahung fördernden Freundschaft bietet jedoch keinen Trost, nur *Kreise über Kreise von Kummer.* (Su, S. 159)

Die Suche nach den Wurzeln und der Identität: «Solomons Lied» und «Teerbaby»

Mit ihrem dritten Roman gelang Toni Morrison der literarische Durchbruch. *Solomons Lied* erschien 1977 und wurde mit dem National-Book-Critics-Circle-Preis ausgezeichnet. Dieses Buch fand nicht nur im eigenen Land Erfolg und kritische Beachtung; es wurde als erstes Werk Morrisons in mehrere Sprachen übersetzt und erreichte weltweite Verbreitung.

In *Solomons Lied* wird das, was in den beiden ersten Romanen verschiedentlich angedeutet wurde, zur Leitidee: die Frage nach der Identität so vieler Afroamerikaner, die zu Beginn des 20. Jahrhunderts aus dem ländlichen Süden in die gepflasterten Straßen der nördlichen Städte umgesiedelt waren. Toni Morrisons Eltern und Großeltern hatten diesen Weg zurückgelegt. Während der Vater von den schrecklichen Erfahrungen zu erzählen pflegte und doch alljährlich zurückging, veranlassten ihre freundlicheren Erinnerungen die Mutter nie, wieder an den Ort ihrer Herkunft zu reisen. Morrison kannte die äußerst zwiespältigen Einstellungen gegenüber dieser Verpflanzung selbst also nur zu gut. Die Erinnerung an ein Lied, das Mutter und Tante zu singen pflegten, wurde dabei ebenfalls bedeutsam. «Solomons Lied», wie sie es nannten, handelte von Solomon (Toni Morrisons Großvater Solomon Willis) und enthielt eine Art Genealogie, begleitet von komischen, unverständlichen Wörtern.[47] Der Titel «Solomons Lied» durchzieht als poetisches Leitmotiv die ganze Geschichte. Doch wie üblich geht es Toni Morrison auch in diesem Werk nicht eigentlich um Autobiographisches. Vielmehr benutzt sie gewisse erinnerte Bilder und Wirklichkeitsfragmente, um eine besondere Stimmung wiederzugeben bzw. allererst zu schaffen.

In *Solomons Lied* ist auch Macon Dead II, der Vater des Protagonisten Macon Dead Junior, genannt Milchmann, den Weg in den Norden gegangen. Er ist ein harter, unnachgiebiger Mann, der es sich zum Lebensziel gemacht hat, seinen materiellen Besitz zu vermehren. Dabei scheut er sich nicht, die eigenen Leute zu drangsalieren und auszubeuten, sodass er von den meist ärmeren Schwarzen gefürchtet und gehasst wird. Seine Familie behandelt er ebenso als Besitz wie seine Häuser in den Elendsvierteln der Stadt und

Umschlag der deutschen Erstausgabe von «Solomons Lied», 1979

sein Packard-Auto. Diese durch und durch materialistische Weltanschauung versucht er an seinen Sohn weiterzugeben: *Laß mich dir gleich jetzt die einzige wichtige Sache beibringen, die du je wissen mußt: besitze Sachen. Und laß die Sachen, die du besitzt, andere Sachen besitzen. Dann besitzt du dich selbst und andere Leute obendrein.* (SL, S. 64)

Doch Macon Deads äußerlich so komfortables Leben ist freudlos und steril, und dasselbe gilt für das seiner Frau Ruth Foster, seiner zwei unverheirateten Töchter Lena und Corinthians und seines Sohnes Milchmann. Ganz selten sind die Momente, die Macon Dead an etwas unwiederbring-

lich Verlorenes erinnern. Sie werden durch seine Schwester Pilate hervorgerufen, mit der er sich entzweit hat, weil ihr Leben und Denken dem seinen völlig entgegengesetzt sind: *Er blickte nicht einmal nach links, während er vorbeiging. Aber dann hörte er die Musik. Sie sangen. Alle zusammen. Pilate, Reba und Rebas Tochter, Hagar. […] Macon ging weiter, widerstand nach besten Kräften dem Klang der Stimmen, der ihm folgte. Er näherte sich schnell einem Abschnitt der Straße, wohin die Musik nicht dringen konnte, als ihm […] ein Bild dessen vor Augen trat, worauf er zusteuerte – sein eigenes Haus; der schmale, unnachgiebige Rücken seiner Frau; seine Töchter, ausgedörrt von Jahren des Verlangens; sein Sohn, zu dem er nur sprechen konnte, wenn seine Worte einen Befehl oder eine Kritik enthielten. […] Dort gab es keine Musik, und heute abend wünschte er sich ein ganz klein wenig Musik […]. Er kehrte um und ging langsam auf Pilates Haus zu. Sie sangen ein Lied, das Pilate anführte, eine Melodie, die von den beiden anderen aufgegriffen und variiert wurde. [...] Er wünschte kein Gespräch, keine Zeugen, nur zuzuhören und sie vielleicht zu sehen, die drei, die Quelle der Musik, die ihn an Felder und wilden Truthahn und Kaliko denken ließ.* (SL, S. 37 f.) Das Verlorene umfasst für Macon Musik und Felder; es verweist auf seine ländliche Vergangenheit, wo er als Kind glücklich und geborgen war, bis die Weißen seinen Vater ermordeten und alles zerstörten.

Aber nicht er, sondern sein Sohn Milchmann, dem all dies fremd ist, macht sich im zweiten Teil des Buches auf die Suche nach dem Erbe, das sich nicht als das ersehnte Gold entpuppt, sondern die eigene Geschichte meint. Aus Gesang und Genealogie entziffert er die verlorene und von seinem Vater verdrängte Vergangenheit und findet zu sich selbst. Indem er der Familiengeschichte nachgeht, rekonstruiert er zugleich ein Stück allgemeiner afroamerikanischer Geschichte. Für ihn wie für Tausende anderer Schwarzer führt der Weg von den nördlichen Metropolen zu den Anfängen ihrer Existenz als Sklaven im amerikanischen Süden. Dabei geht es natürlich nicht um eine Verherrlichung dieser Vergangenheit, sondern darum, sie zu kennen und anzunehmen.

Toni Morrison war nicht die Einzige, die sich in jenen Jahren diesem Fragenkomplex widmete. Ihr Roman wird immer wieder mit Alex Haleys «Roots. The Saga of an American Family» verglichen. Dieses Buch erschien 1976 und wurde ein Jahr später als Fernsehserie mit großer Begeisterung aufgenommen. Haleys halb fiktives, halb historisches Buch machte sich anheischig, die Geschichte seiner Vorfahren bis nach Afrika zurückzuverfolgen. Morrison hingegen sah den ländlichen Süden als wichtige Kulturstätte, in der afrikanische und europäische Elemente zusammenkamen und das Denken und Fühlen der Afroamerikaner bis in die Gegenwart prägen. Diese Sicht prägt Struktur und Motivik von *Solomons Lied*. Virtuos vermischt die Autorin Elemente aus der antiken und modernen europäischen Literatur, der afrikanischen und europäischen Mythologie, der Bibel und diversen Volkstraditionen. *Solomons Lied* entspricht grundsätzlich dem klassischen Bildungsroman und sein Held Milchmann dem dieser Gattung eigenen passiven Helden, der aufgrund einer Reihe von Erlebnissen zu wichtigen Einsichten gelangt. Wie ein alter Held geht er auf die Suche nach dem mythischen Schatz; wie ein moderner findet er sich selbst. Die Figurenzeichnung und Schicksale der Familie

Dead erinnern in ihrer Ausweglosigkeit an die antike Tragödie. Das Motiv des Fliegens stammt aus der griechischen Ikarus-Sage ebenso wie aus dem Mythos des fliegenden Afrikaners. Es durchzieht, ähnlich wie Solomons Lied, leitmotivisch die ganze Geschichte. Auch die Vermischung des Natürlichen und Übernatürlichen ist beiden Zivilisationen eigen. Dazu kommen Märchen, Träume, lokale Legenden, einzelne Lebensgeschichten, Kinderspiele und -lieder und eine Vielfalt ausgefallener, aber bedeutungsträchtiger Namen und Spitznamen. So entsteht ein kulturhistorisches Bild, das die reichhaltige und teilweise legendäre Chronik der Dead-Familie über vier Generationen verfolgt. *Solomons Lied* ist eine poetische Erkundung der Geschichte und Kultur von Menschen, deren Denken und Handeln jahrhundertelang von einer anderen, ihr feindlich gesinnten Gesellschaftsgruppe bestimmt worden war, nie aufgeschrieben wurde und somit nur bruchstückweise mit Hilfe von Gesang und mündlichen Überlieferungen rekonstruierbar ist.

Das Buch besteht aus zwei Teilen; der erste, längere spielt in einer mittelgroßen Stadt am Lake Superior im Staat Michigan, während der zweite in den Süden, erst nach Pennsylvania und dann nach Virginia führt. Wie in den ersten beiden Werken gibt es keinen eindeutig vorbildlichen Charakter. Im Mittelpunkt der vielsträngigen Erzählung steht Milchmann. Er muss die Antworten in der Auseinandersetzung mit Menschen finden, die mit ihren eigenen Widersprüchen, Fehlern und Schwächen zurechtzukommen versuchen.

Der Vater, Inbegriff des Individualisten und recht skrupellosen Selfmademan, beschäftigt Milchmann, den er für seine Lebensweise zu gewinnen sucht, im Geschäft, hoffend, dass er eines Tages sein Nachfolger wird. Mehr noch, er kämpft um Milchmanns Loyalität im unversöhnlichen Streit mit der Mutter. Ihr schreibt er die ganze Schuld zu, indem er Milchmann von ihrer inzestuösen und makabren Liebe zu ihrem Vater erzählt. Zunächst scheinen ihre überspannten Verhaltensweisen dies zu bestätigen. Es heißt, dass Ruth Fosters Verehrung für diesen Vater, dem einzigen schwarzen Arzt in der Stadt, eine Intensität erreicht hatte, die sogar ihm peinlich war, sodass er sie fast erleichtert mit sechzehn Jahren dem opportunistischen Macon Dead zur Frau übergeben

hatte. Ihre späteren nächtlichen Exkursionen zum väterlichen
Grab deuten ebenfalls auf eine recht abartige Art zu trauern. Und
schließlich verweist das von ihr initiierte Ritual, das langjährige
Stillen des Sohnes, auf eine etwas ungewöhnliche Sexualität.

Aus dem Mund seiner Mutter klingt die gleiche Geschichte jedoch ganz anders, da der Vater ihm nur erzählt, *was schmeichelhaft
für ihn war.* (SL, S. 133) Von ihr hört Milchmann von der Schuld
seines Vaters am Tod des alten Doktors und seinem Versuch, auch
ihn schon im Mutterschoß umzubringen. Sie erzählt ihm von
ihren langen Jahren der sexuellen Enthaltsamkeit, Jahre, in denen
Macon sie nicht berührte, nur mit Abscheu und Hass behandelte,
und auch, dass Milchmann sein Leben Pilate zu verdanken habe.
Ruth Foster sucht das Verständnis ihres Sohnes, indem sie ihm erklärt, dass sie *keine seltsame Frau* sei, nur von Kind auf *kleingedrückt
wurde.* (Ebd.)

So wächst Milchmann auf, privilegiert und belastet zugleich.
Als erstes farbiges Kind, das im weißen Mercy Spital auf die Welt
kommt, ist er gewissermaßen ein Wunderkind. Seine Geburt fällt
jedoch auch mit dem Versuch des Versicherungsagenten Robert
Smith zusammen, sich von demselben Krankenhaus mittels blau-
seidener Flügel in die Luft zu schwingen, der mit einem tödlichen
Absturz endet. Von klein auf sehnt sich Milchmann danach, fliegen zu können; als er schließlich erkennt, dass nur Vögel und
Flugzeuge sich durch die Luft bewegen, ist er so tief enttäuscht,
dass er das Interesse an sich selbst verliert. Auch als junger Mann
bleibt er ziellos und ichbezogen, ohne Begeisterung oder Interessen. *Bei Politik [...] schlief er ein. Er war gelangweilt. Alle langweilten
ihn. Die Stadt war langweilig. Die Rassenprobleme, über denen Gitarre
sich verzehrte, waren das Langweiligste von allem.* (SL, S. 117) Sein
bester und einziger Freund Gitarre Bains nennt ihn mit Recht
«*'n Mann, der nicht leben kann. Wenns je mal hart auf hart käm, würdst
du schmelzen. Bist kein ernster Mensch.*» (SL, S. 113) Milchmann fühlt
sich nirgends zugehörig, nicht im großen Haus seiner Eltern an
der Not Doctor Street und nicht in der Southside, dem schwarzen
Viertel, wo Gitarre und dessen Freunde und Kumpel leben und wo
sich das eigentliche Leben der Schwarzen abspielt.

Mit zwölf Jahren macht Milchmann die bedeutungsvolle Be-
kanntschaft seiner Tante Pilate, die zu besuchen ihm sein Vater

verboten hatte. Bisher hatte er nur gehört, dass sie hässlich, arm, schmutzig und betrunken sei. Dies trifft jedoch alles nicht zu. Sie ist wohl arm, doch fehlte *etwas in ihren Augen, das dies bestätigt hätte.* (SL, S. 46) Und den selbst gemachten Wein verkauft sie zwar, trinkt ihn aber nicht. Anders als ihr ehrgeiziger Bruder hat sie weder an Besitz noch an den Normen der Gesellschaft Interesse und ist auch nicht gezeichnet wie er von Hass und Bitterkeit. Pilate, eine ans Mythische grenzende Figur, *die einen Ohrring besaß, keinen Nabel und aussah wie ein hoher schwarzer Baum* (SL, S. 47), ist mit Sicherheit die eindrucksvollste der überlebensgroßen und doch realistischen Frauengestalten Toni Morrisons. Sozusagen «selbstgeboren», indem sie aus dem schon toten Leib ihrer Mutter hervorkroch (deshalb ihre «Nabellosigkeit»), erweist sie sich von Anfang an als selbstsicher und eigenwillig. Als zwölfjähriges Kind besteht sie darauf, den Zettel mit ihrem Namen (das einzige Wort, das ihr Vater je geschrieben hat, denn als ehemaliger Sklave war er des Schreibens und Lesens unkundig) in einer kleinen Schnupftabakdose zu verwahren, die sie als Ohrring trug – wohl wissend, dass Namen Bedeutungs- und Traditionsträger sind. Unbestimmt bleibt, ob ihre Weisheit magischen Kräften oder ihrer Naturverbundenheit und Vertrautheit mit Volkstraditionen zuzuschreiben ist. Jedenfalls erweckt sie mit einem Trank Macons sexuelles Interesse für seine Frau so lange, bis sie schwanger ist. Danach verhindert sie, dass das Kind auf Veranlassung des Vaters abgetrieben wird, indem sie eine kleine männliche Voodoo-Puppe als Warnung auf Macons Bürostuhl setzt. Überdies steht Pilate in enger Verbindung mit ihrem toten Vater. Sein Geist, der ihr von Zeit zu Zeit erscheint und zu ihr spricht, dient sowohl dem vereinsamten Waisenkind als auch der reifen Frau als moralische Instanz. Dem Bruder erscheint er nur einmal, als die Geschwister noch nicht zerstritten waren. Aber nachdem Macon sich einer ausschließlich materialistischen Lebensweise verschrieben hat, verliert er auch den Zugang zum väterlichen Geist. Pilate hingegen holt die Knochen des weißen Mannes, den Macon aus Angst und Selbstwehr getötet hat, auf Geheiß des Vaters aus der Höhle, wo sich die Geschwister versteckt hatten. Als Sühneakt trägt sie diese ein Leben lang in einem grünen Sack mit sich herum. Erst viel später erfährt sie, dass es nicht die Knochen des Weißen, sondern die ihres Vaters

Toni Morrison mit ihrer Mutter, 1980er Jahre

waren. Zusammen mit Milchmann reist sie nach Shalimar, wo sie ihn endlich begraben kann und wo auch ihr Leben endet.

Pilate, die durch ihren fehlenden Nabel immer wieder als «unnatürlich», als Hexe und deshalb bedrohlich befunden und wiederholt aus Gemeinden und Familien ausgestoßen wird, ist jedoch eng mit der Natur verbunden. Mitten in der Stadt lebt sie wie auf dem Land, ohne Strom oder fließendes Wasser in einem kleinen Haus, das nach Kiefern duftet. Sie selbst riecht nach Wald, und ihre Stimme ist *mit Kieseln gesprenkelt.* (SL, S. 45) Mit ihrer Tochter Reba und Enkelin Hagar lebt sie wie in den Zeiten vor der Konsumgesellschaft. Die drei Frauen haben keine geregelten Mahlzeiten, essen, was gerade im Haus ist oder worauf sie Lust haben, oder solange etwas vorrätig ist.

Diese geheimnisvolle Frau erzählt Milchmann bei seinem ersten Besuch von seiner Familie, von seinem Großvater und der Farm, und wie er von Weißen ermordet wurde, die sein Land wollten, von sich und ihrem Bruder als Kinder, von der Amme Circe, und wie sie selber zu ihrem Namen kam. Harmonie und Freundlichkeit herrschen in diesem Haus, in dem sich Milchmann zum ersten Mal in seinem Leben *vollkommen glücklich* fühlt. (SL, S. 56)

Doch rücken Pilate und die Familiengeschichte für Milchmann wieder in den Hintergrund. Er verbringt die nächsten zwanzig Jahre in der Stadt, zwischen der oberflächlichen, materialistischen Lebensweise des schwarzen Mittelstandes, dem er angehört, und seinen proletarischen Freunden in der Southside lavierend, deren Probleme und «ernste» Ziele ihm fremd sind und zunehmend fremder werden.

Sogar Gitarre, der um etliche Jahre ältere, loyale Vertraute, der Milchmann über Jahre mit Humor, Intelligenz und gutem Rat in seinen vielen persönlichen Krisen zur Seite stand, rückt von ihm ab. Aber nicht der abseits stehende Milchmann, sondern der vom Rassismus gezeichnete und deshalb politisch engagierte Gitarre befindet sich plötzlich auf Abwegen. Er schließt sich der geheimen schwarzen Organisation Sieben Tage an, deren Ziel es ist, jeden von einem Weißen an einem Schwarzen begangenen Mord mit einem entsprechenden Mord an einem Weißen zu vergelten. Milchmann ist über diese unmenschliche Denkensart entsetzt. Er sieht, dass Gitarre sich verändert hat, nur noch *aus Düsterkeit und goldenen Augen [bestand]. Und Politik.* (SL, S. 116) Der goldene Schimmer in den Augen des Freundes hat eine besondere Bedeutung in Morrisons Erzählwelt. In den ersten beiden Romanen sind es die Charaktere Cholly und Sula, beide auf ihre Weise gefährlich, in deren Augen zeitweise dieser goldene Schimmer aufleuchtet. Auch bei Gitarre wird er zum Zeichen seiner Gefährlichkeit für seine Mitmenschen und besonders für seinen Freund Milchmann.

Laut Gitarre verüben die Sieben Tage diese Morde aus Liebe für das eigene bedrohte Volk, doch der Druck wird oft unerträglich. Nachträglich erweist sich der Flugversuch Robert Smith' vom Mercy Hospital als Selbstmord; auch er war ein Sieben-Tage-Mann, der sich seiner Aufgabe eines Tages nicht mehr gewachsen sah. Porter, der spätere Liebhaber von Corinthians, Milchmanns älterer Schwester, gehört ebenfalls zu ihnen und verliert seinerseits vorübergehend die Nerven. Unter den sieben Männern, die jeweils die Gruppe ausmachen, hat jeder seinen Tag. Hospital Tommys Aufgabe ist es, den Mord des vierzehnjährigen Emmett Till zu rächen, während Gitarre, dem Sonntagsmann, eine noch schrecklichere Verantwortung zufällt. *Vier kleine farbige Mädchen waren aus einer Kirche geschleudert worden, und seine Mission war es, an einem Sonntag den möglichst ähnlichen Tod von vier kleinen weißen Mädchen herbeizuführen. [...] Hierzu brauchte er Sprengstoff oder Gewehre oder Handgranaten. Und das würde Geld erfordern.* (SL, S. 182) Gitarre wird den Gedanken nicht mehr los: *Nacht für Nacht sah er nun kleine Fetzen von Sonntagskleidern – weiß und violett, himmelblau, rosa und weiß, aus Spitze und Voile, Samt und Seide, Baumwolle und Satin, maschig und gerippt. Die Fetzen blieben ihm die ganze Nacht über vor Augen.* (Ebd.)[48]

Die Notwendigkeit, Geld aufzutreiben, bringt Gitarre dem Freund wieder näher. Milchmann, inzwischen zweiunddreißig Jahre alt, hat sich entschlossen, sich auf die Suche nach dem vermeintlich zurückgelassenen Gold zu begeben. Immer stärker fühlt er den Drang nach Freiheit und Selbständigkeit und ist deshalb entschlossen, diese Reise allein, ohne den Freund zu unternehmen, verspricht ihm aber die Hälfte des Schatzes, sollte er ihn finden. Milchmann verlässt die Stadt fluchtartig und per Flugzeug: *Die Reise im Flugzeug hatte ihn aufgeheitert, Illusionen und ein Gefühl von Unverletzlichkeit befördert. [...] In der Luft, fern vom wirklichen Leben, fühlte er sich frei, aber auf der Erde [...] schlugen ihm die Alpträume all der anderen Leute mit ihren Flügeln ins Gesicht und beengten ihn. Lenas Wut, Corinthians offenes, ungekämmtes Haar, [...] Ruths gesteigerte Überwachung, seines Vaters bodenlose Gier, Hagars hohle Augen [...].* (SL, S. 230) Das Motiv des Fliegens verdeutlicht Milchmanns Sehnsucht nach Freiheit im positiven wie im negativen Sinne – als Akt der Selbstbefreiung und als Ausweichen vor der Verantwortung gegenüber anderen Menschen.

Vorerst überwiegt der ausschließlich egoistische Wunsch, das Gold zu finden und damit einen Pfad zu schlagen, *fort von der Vergangenheit seiner Eltern, die auch ihre Gegenwart war und seine eigene Gegenwart zu werden drohte.* (SL, S. 189) Aber schon in Danville, wo sich früher die großväterliche Farm befand, wird ihm diese Vergangenheit wichtig, denn hier unter den Leuten, die den Vater und Großvater noch gekannt hatten, wurden die so oft mit halbem Ohr gehörten Geschichten *real.* Hier lebte der Goldschmied, der Pilates Ohrring verfertigte, hier findet er auch Circe, die (wie die antike Circe es für Odysseus tat) Milchmann den ferneren Weg weist, hier im Haus der Mörder hatte Pilate geweint, weil sie sich eingesperrt fühlte. Und hier lebten die alten Männer, für die der erste Macon Dead das leuchtende Vorbild eines ehemaligen Sklaven war, der durch Klugheit und härteste Arbeit eine blühende Farm schuf, und dessen Tod für sie, so schien es Milchmann, *der Beginn ihres eigenen Sterbens bedeutete, obwohl sie zu jener Zeit erst Jungen gewesen waren. [...] Eine Farm, die ihrem Leben Farbe verlieh wie ein Pinsel und zu ihnen sprach wie eine Predigt. «Siehst du?» sagte die Farm zu ihnen. «Siehst du? Siehst du, was du schaffen kannst? Macht nichts, daß du keinen Buchstaben vom andern unterscheiden kannst, macht nichts, daß du als Sklave geboren wurdst, macht nichts, daß du deinen Namen verlorn hast [...]. Wir leben hier. Auf diesem Planet, in dieser Nation, in diesem Landkreis. Nirgends sonst. Wir haben ein Haus [...] und wenn ich ein Haus hab, habt ihr auch eins! Greift danach. Greift nach diesem Land! Nehmt es, haltet es fest, meine Brüder, macht es, meine Brüder, schüttelt es durch, quetscht es aus, dreht und wendet es, prügelt, tretet, küßt es, [...] pflügt es, bepflanzt es, erntet es ab, mietet, kauft, verkauft es, besitzt es, bebaut es, mehrt es und reicht es weiter [...]».* (SL, S. 245 f.) Milchmann bekommt ein Gefühl für seinen herrlichen Großvater, der im Gefolge der Sklavenemanzipation so große Hoffnungen in seinem Volk wecken konnte, und wie verheerend der Mord an diesem einen Menschen nicht nur für seinen Vater und seine Tante, sondern für so viele andere war. Er liebt auch den so zärtlich geschilderten Jungen, seinen Vater, der nichts gemein hatte mit dem starren, lieblosen und habgierigen Mann, als den er ihn kennt.

Gold ist zwar immer noch der Grund für Milchmanns weitere Reise, doch rücken die Familiengeschichten und seine ihm unbewusste Identitätssuche zunehmend in den Vordergrund. Zufällig – oder auch schicksalhaft – versagt sein Auto in dem winzigen Dorf Shalimar, wo sich die Spuren der Familiengeschichte vermehren und verdichten und wo er zu einer neuen Form der Authentizität findet. Schon in Danville erweist sich sein städtisches Auftreten als unangebracht und hinderlich; der elegante Anzug, die dünnsohligen Schuhe, die goldene Uhr eignen sich nicht für eine Höhlenerforschung. Ebenso deutlich und störend wird sein fehlendes Gefühl für die ihn umgebende Natur. In Shalimar wirken zudem seine Manieren beleidigend. Um von den dortigen Männern akzeptiert zu werden, muss er an einer Jagd teilnehmen. Milchmann stellt sich dieser Aufgabe, obwohl er noch nie mit einer Waffe umgegangen ist, denn er *hatte aufgehört, den Dingen aus dem Weg zu ge-*

hen. (SL, S. 283) Alles in dieser Episode deutet auf Wandlung und Neubeginn: Milchmann wird in alte Kleider neu eingekleidet – in schmutzverkrusteten Schuhen und einer Strickmütze tritt er, von zwei Männern namens Luther und Calvin begleitet, eine lange nächtliche Wanderung durch den Wald an. Allein, auf der Erde sitzend, unter dem Mond, gespannt allen fremden Geräuschen lauschend, erkennt er plötzlich, worauf es wirklich ankommt: *Nichts konnte ihm hier helfen – nicht sein Geld, nicht sein Wagen, nicht das Ansehen seines Vaters, nicht sein Anzug, nicht seine Schuhe. In Wahrheit hemmten sie ihn. Mit Ausnahme seiner kaputten Uhr und seiner Brieftasche mit rund zweihundert Dollar war alles [...] abhanden gekommen. [...] Seine Uhr und seine zweihundert Dollar würden ihm nicht helfen hier draußen, wo ein Mann nichts hatte als das, womit er geboren war oder was er zu gebrauchen gelernt hatte. Und Ausdauer. Augen, Ohren, Nase, Geschmacks- und Tastsinn – und noch einen weiteren Sinn, von dem er wußte, daß er ihn nicht besaß: eine Fähigkeit, unter all den Dingen, die wahrnehmbar waren, dasjenige herauszuspüren, von dem womöglich das Leben selbst abhing.* (SL, S. 290) Die aufgehende Sonne sieht einen viel bescheideneren Milchmann, der die besonderen Fähigkeiten der Männer Shalimars zu schätzen gelernt hat. Diese wiederum laden ihn ein, an der rituellen Verteilung der Jagdbeute teilzunehmen.

Die Bereitschaft, seinen Ursprung in Shalimar in ethnischer und kultureller Hinsicht anzuerkennen, befähigt Milchmann nun, die disparaten Bruchstücke seiner Familiengeschichte zu lesen, zusammenzufügen und zu verstehen. Sein Großvater ist Jake, der einundzwanzigste Sohn seines Urgroßvaters Solomon, den er auf seinem legendären Flug nach Afrika mitnehmen wollte, der aber seinen Armen entglitt. Seine Großmutter war Sing, die Tochter der Indianerfrau, die Jake großgezogen hat. Sing und Jake reisten auf einem Fuhrwerk voller früherer Sklaven in den Norden, wo sie die Lincoln Heaven Farm aufbauten. Somit zeigt sich die Familie Dead voller ungewöhnlicher Kräfte und alles andere als *tot*. Namen, erkennt Milchmann jetzt, sind nicht nur zufällig und falsch, sondern legen Zeugnis ab. Milchmanns metaphorischer Flug am Ende baut auf diesem Bewusstsein auf. Er erfüllt somit das dem Roman vorangestellte Motto: *Die Väter sollen sich in die Lüfte schwingen. Und die Kinder sollen ihre Namen wissen.*

In Toni Morrisons früheren Werken stehen Frauen und Mädchen im Vordergrund. *Solomons Lied* ist der erste Roman, in dem das Schicksal männlicher Protagonisten zum Hauptanliegen wird. Er erzählt die Geschichte von Vätern, und zwar von abwesenden – entflohenen oder entflogenen und getöteten – Vätern. Männer, die aufbrechen und alles zurücklassen, kommen bei Morrison immer wieder vor. Auch der fliegende Solomon gehört zu ihnen. Und obwohl sie sich der nachteiligen Auswirkungen dieser Gewohnheit in der modernen schwarzen Gesellschaft bewusst ist und in ihren ersten beiden Romanen thematisiert hat, verurteilt sie Solomon nicht, sondern feiert ihn als Helden, wie auch Odysseus als Held tradiert wird und nicht als verantwortungsloser Vater.[49] Doch zeigt sie auch in diesem Roman die Folgen. Im «Solomon-Lied» wird nicht nur des fliegenden Afrikaners Solomon gedacht, sondern auch der zurückgelassenen Ryna und ihrer einundzwanzig Söhne. Und die Leute im Dorf erzählen von Rynas Wehklagen, das noch immer in der nach ihr benannten Schlucht ertönen soll und das auch Milchmann während der nächtlichen Jagd zu hören glaubt. Ryna, so heißt es weiter, war eine jener Frauen, die ohne einen Mann nicht leben können. Vielleicht klagt sie aber auch, so mutmaßt die entfernt Verwandte Susan Byrd, weil er sie mit der Verantwortung für zwanzig Söhne zurückgelassen hat. Ryna erinnert Milchmann an seine Geliebte Hagar, die er so achtlos zurückgestoßen hatte; auch sie ist eine Frau, die zu sehr liebt und darüber stirbt. Doch besteht ein wichtiger Unterschied. Hagar hat keine Kinder, um die sie sich kümmern muss. Von klein auf verwöhnt, ist sie eine jener *Türmatten-Frauen*, die ihre Bestätigung nur in den Augen eines anderen finden. Hagars traurige Geschichte verdeutlicht nicht nur Milchmanns Schuld, sondern auch ihr eigenes Versagen. Im Gegensatz zu Milchmann, der seine städtische Kleidung ablegt und eine geistige Wandlung durchmacht, besteht Hagars letzte verzweifelte Handlung darin, sich in einem Warenhaus für das letzte Geld neu zu kleiden.

In *Solomons Lied* geht es aber nicht nur um abwesende Väter, sondern auch um solche, die gegenwärtig sind und rücksichtslos ihre patriarchalischen Rechte geltend machen. Das trifft auf fast alle zu, den alten Doktor Foster ebenso wie Macon Dead II, Milchmann und die Männer in Southside. Darunter leiden vor allem die

Töchter und besonders die privilegierten, denen nicht erlaubt ist, *erwachsene Frauen* zu werden. (SL, S. 320) Die von früh auf klein gedrückte Ruth Foster ist unfähig, das Schicksal ihrer Töchter zu lenken. Lena und Corinthians, die als Kinder von ihrem Vater behütet, zur Schau gestellt und gedemütigt werden, führen ein noch nutzloseres Leben. Unverheiratet, weil kein Mann gut genug für sie war, verbringen sie ihre Zeit damit, künstliche Rosen zu nähen.

Pilate ist die einzige starke, unabhängige und authentische Frau. Sie ist der Gegenpol sowohl zu Macon Dead als auch zu Gitarre, sollte jedoch nicht als Alternative verstanden werden. Ihre Erdverbundenheit und Toleranz stehen der aggressiven, städtischen, einzig auf Besitz gerichteten Existenz ihres Bruders, aber auch der abwegigen militanten, auf Rache gegründeten Radikalität Gitarres entgegen. Pilates außergewöhnliche Kräfte übertragen sich jedoch weder auf ihre Tochter noch auf ihre Enkelin. Sie wird vor allem für Milchmann von Bedeutung, indem sie ihm zum Leben und zur Einsicht verhilft. Dabei ist sie auch eine anachronistische Figur, deren Tod – auf den ersten Blick so unmotiviert – natürlich ist, indem er den Ablauf der Zeit markiert. Milchmanns Weg verläuft zwar eindeutig in Richtung Pilate, weg von seinem Vater und zunehmend auch weg von seinem Freund. Von ihr lernt er, dass die Familie und menschliche Gemeinschaft und Nächstenliebe wichtig sind. Doch kann ihre Lebensart nicht die seine werden. Er muss seine eigene Lösung finden, denn durch die Gegebenheiten der Zeit entstehen neue Forderungen. Der Kampf spielt sich jetzt zwischen Milchmann und Gitarre ab. Sein Ausgang, und damit auch der Schluss des Romans, bleibt offen. Aber die Tatsache, dass Gitarre, als Milchmann ihn zum Kampf aufruft, lächelnd das Gewehr niederlegt und aufsteht, lässt die Hoffnung entstehen, dass er den wehrlosen Freund nicht tötet, sondern wie dieser das Wagnis eingeht, sich der Luft hingibt und auf ihr zu reiten vermag.

Teerbaby, Toni Morrisons nächstes Buch, das 1981 erschien, führt die Fragen nach Identität und Authentizität weiter. *Solomons Lied* befasst sich mit dem Thema, wie es in den Jahren 1900 bis 1960 im Gefolge der großen Migrationen akut wurde. Es war die Problematik ihrer eigenen Generation, die Toni Morrison dadurch verdeutlicht, dass sie Robert Smith' Flug an ihrem Geburtsdatum (18. Februar 1931) und Milchmanns Geburt am darauf folgenden Tag stattfinden lässt. Ähnlich wie ihr Protagonist hatte auch die Autorin erst spät angefangen, sich für schwarze Kultur und Geschichte zu interessieren. *Teerbaby* geht nun dem Thema aus der Perspektive der siebziger Jahre nach, einer Zeit, als sich die Schwarzen zunehmend Zugang in die weiße Gesellschaft eroberten.

Dabei stellte sich die Frage nach dem Preis und der Bedeutung dieses Fortschritts, die Toni Morrison besonders nahe liegen musste. Erfolg und Berühmtheit hatten sie weit von ihrer bescheidenen Herkunft weggeführt. Der Gewinn stand wohl außer Frage, was aber ging dabei verloren? Vielleicht enthält das Buch deshalb mehr als die üblichen versteckten, autobiographischen Spuren. Es ist fünf namentlich angeführten Frauen (unter ihnen der Großmutter, Mutter und Schwester) und deren Schwestern gewidmet, *die alle ihr wahres Erbe kannten.* Auch das Motto aus dem ersten Brief an die Korinther enthält nicht nur den autobiographischen Verweis im Namen Chloe, sondern spricht von Zank, der unter den Brüdern ausgebrochen ist. In *Teerbaby* wird der Streit um das *wahre Erbe* und dessen Bedeutung für die moderne Zeit geführt. Dieses Erbe wird zwar nie näher bestimmt, ist jedoch deutlich mit weiblichen Kräften verbunden. In *Solomons Lied* hat Toni Morrison die Männer in den Vordergrund gerückt, da Geschichte, soweit sie erfahrbar ist, durch Männer tradiert wird. In *Teerbaby* hingegen geht es um Kultur, und diese wird nach Morrisons Meinung – und der Roman legt dies dar – vor allem durch Frauen vermittelt.

Der Kern der Geschichte, bezogen auf das Liebespaar Jadine und Son, wird in den folgenden Sätzen zusammengefasst: *Jeder von beiden wußte, wie die Welt gedacht war, oder wie sie sein sollte. Einer hatte eine Vergangenheit, der andere eine Zukunft, und jeder trug die Kultur zur Rettung der Rasse in der Hand. Schwarzes Mamasöhnchen, willst du mit mir erwachsen werden? Schwarze Kulturträgerin, wessen Kultur trägst du?* (T, S. 279 f.)

Jadine Childs ist die moderne schwarze Frau, die sich kultiviert und selbstsicher in der weißen Welt bewegt und in Paris ein erfolgreiches und aufregendes Leben führt. Sie hat ihr Studium in Kunstgeschichte an der Sorbonne abgeschlossen und zugleich als Fotomodell Karriere gemacht. Auch ist sie gerade als

Covergirl von *Elle erwählt worden [...] und [wurde] von drei, d r e i , tollen, draufgängerischen Typen belagert [...].* (T, S. 50) Diese erfolgsorientierte Frau begegnet eines Tages einer Afrikanerin im Supermarkt und wird durch diese Erscheinung in ihrem Innersten verunsichert und aus der Fassung gebracht. Zwar raubt die *transzendente Schönheit* dieser Frau auch den anderen Leuten im Laden einen Augenblick den Atem. Der Eindruck, den sie bei Jadine hinterlässt, ist jedoch ganz anderer Art: *Die Vision selbst war eine viel zu große Frau. Jadine sah sofort, daß ihr langes, kanariengelbes Kleid zuviel Hüften, zuviel Busen verdeckte. [...] Die Frau ging den Gang entlang, als hinterließen ihre bunten Sandalen goldene Spuren auf*

Umschlag der deutschen Erstausgabe von «Teerbaby», 1983

dem Boden. Auf jeder ihrer Wangen war ein umgekehrtes V eingeritzt, ihr Haar war mit einer Art Pomade bedeckt, die so gelb war wie ihr Kleid. [...] Sie hatte weder einen Einkaufskorb noch einen Einkaufswagen. [...] Sie beugte sich vor und öffnete einen Eierkarton, dem sie drei Eier entnahm. Dann stützte sie ihren rechten Ellbogen mit der linken Hand und hielt die Eier in der Höhe, zwischen Ohrläppchen und Schulter. In diesem Augenblick schaute sie auf, und man sah in ihren Augen eine so elementare Kraft, daß die Wimpern davon versengt zu sein schienen. (T, S. 51) Ganz zuletzt richtet die Frau ihre Augen auf Jadine und gibt ihrer Verachtung für diese Ausdruck, indem sie auf das Pflaster spuckt. Diese *Verkörperung alles Weiblichen – diese Mutter / Schwester / diese Sie / diese nicht fotografierbare Schönheit* bewirkt, dass Jadine sich plötzlich einsam und unauthentisch fühlt. (T, S. 52) Zudem beschäftigt sie die Frage, ob der Mann, der sie am liebsten heiraten will, es um ihrer selbst willen möchte oder einfach eine schwarze Frau begehrt. Was passiert aber im letzteren Fall, *wenn er heraus-*

findet, daß ich diese Reifen am Ohr hasse, daß ich mein Haar nicht glät-
ten muß, daß ich bei Mingus einschlafe, daß ich manchmal meine Haut
einfach abstreifen möchte und nur diese Person in meinem Innern sein
möchte – keine Amerikanerin – keine Schwarze – nur ich selbst? (T, S. 54)
Jadine hat sich also nicht nur erfolgreich angepasst, sondern verwirft recht bewusst alles, was mit ihrem Ursprung zusammen-
hängt. Intuitiv erkennen die beiden Frauen ihre gegenseitige Unterschiedlichkeit. Während die Unangepasste aber ihre königliche
Ruhe und Haltung bewahrt, wird die Angepasste verunsichert.
Von der Vision der Frau in Gelb kommt Jadine fortan nicht mehr
los. Sie erscheint immer wieder, allein oder zusammen mit anderen Verkörperungen einer Art von Weiblichkeit, die Jadine verwirft.

Vorerst weicht Jadine ihren Problemen aus, indem sie in die
Karibik reist, zu Leuten, die sie, ein Waisenkind, als ihre Familie
betrachtet. Auf der paradiesischen *Isle des Chevaliers* hat sich der
weiße Bonbonmillionär Valerian Street aus Philadelphia ein wun-
derschönes Haus für seinen Ruhestand gebaut. Zum Haushalt gehören ferner seine viel jüngere Frau Margaret und das schwarze
Butler-Ehepaar Ondine und Sydney Childs, Jadines Tante und
Onkel. Die Gespräche, durch die die vier Figuren eingeführt werden, veranschaulichen aber alles andere als ein harmonisches Zusammenleben. Sie sind einerseits von Antagonismus, purem Egoismus und andererseits von unterdrücktem Zorn geprägt. Es
herrscht eine gewisse Familiarität, die aber nicht auf Achtung
beruht, sondern durch gegenseitige Abhängigkeiten bedingt ist.
Einzig die Beziehung zwischen Ondine und Sydney kann als ka-
meradschaftlich gelten. Als Köchin und Butler im langjährigen
Dienst bei Valerian Street beschäftigt, sind sie so perfekt aufeinan-
der eingestellt, dass sie sich mit wenigen Worten verständigen
können. Dieses wunderbare Haus bietet kein Zuhause – nicht für
Jadine und nicht für Michael, Valerians und Margarets Sohn. Aber
nur Michael bleibt ihm fern. Jadine nimmt wie selbstverständlich
ihren Platz an Valerians Tisch ein und lässt sich von ihrem Onkel
bedienen. Ihre Zwitterstellung wird somit genau verdeutlicht. Sie
ist zwar schwarz, aber ihre von Valerian finanzierte Ausbildung
(zu der auch Sydney und Ondine beigetragen haben) hat sie in die
weiße Kultur eingeführt. Dieser und dem weißen Ethos fühlt sie

sich verbunden – Picasso ist besser als eine Itumba-Maske, das «Ave-Maria» liebt sie mehr als Gospelmusik.

Die Spannungen entladen sich beim Weihnachtsessen, als zum ersten Mal alle um den gleichen Tisch sitzen. Doch *keiner war an seinem Platz* (T, S. 217) – Ondine ist nicht in der Küche, Sydney serviert nicht, die Befehle Valerians werden nicht befolgt, während Son, der fremde Eindringling und Dieb, den Hausherrn zur Rechenschaft zieht. Das Geheimnis um den abwesenden Michael lüftet sich, sodass am Ende Margaret als Schuldige dasteht, als Mutter, die ihren kleinen Sohn misshandelt hat. Doch ist sie nicht allein schuldig. Ondine und Valerian sind ebenfalls involviert. Ondine, weil sie niemanden informiert hat und damit das schreckliche Geheimnis auch zu ihrem gemacht hat, und Valerian, weil er sich nicht die Mühe gab, es wissen zu wollen.

Teerbaby ist das erste Werk, in dem die Beziehungen zwischen den Rassen thematisiert werden. Dabei entsteht ein sehr pessimistisches Bild. Son erklärt die schreckliche Tischszene auf einfache aber sehr treffende Art, nämlich *daß Weiße und Schwarze sich nicht an einen Tisch setzen und zusammen essen sollten. [...] Sie sollten manchmal zusammen arbeiten, aber sie sollten nicht zusammen essen oder zusammen leben oder zusammen schlafen.* (T, S. 220) Beim gemeinsamen Weihnachtsessen wird die Ordnung durchbrochen, aber nicht verändert. Die grenzenlose Arroganz Valerians gegenüber seinen schwarzen Angestellten und ihr unterschwelliger Groll, den die durcheinander gebrachte Ordnung plötzlich zum Ausbruch bringt, sind das Resultat einer tief greifenden Ungleichheit, an der auch Valerians gönnerhafte Großzügigkeit nichts ändert. *Neger sind für Weiße nur ein Zeitvertreib*, wie Sydney richtig erkennt. (T, S. 171) Als der Außenseiter Son Valerian die wahren Verhältnisse zu erklären versucht, ist er empört und versteift sich auf sein Recht, über das eigene Personal zu verfügen. Sein Interesse für die zwei Personen, die jahrelang für sein Wohlbefinden gesorgt haben, und damit auch für Jadine, Son und die Einheimischen auf der Insel, ist ebenso gering wie dasjenige für seinen Sohn und seine Frau. Letztlich, und dies veranschaulicht diese Nebengeschichte, sind gescheiterte Mutterliebe und die verzerrten Beziehungen zwischen den Rassen Ergebnisse eines Systems, das mit den falschen Koordinaten operiert. Geld und Erfolg zählen, Menschen nicht; das erkennen Son und Michael und bis zu einem gewissen Grad auch Sydney und Ondine.

Jadine ist die Einzige, die nichts aus der Konfrontation am Weihnachtstisch lernt und auch nicht erkennt, dass ihre kritiklose Identifikation mit Valerians Wertesystem, also mit der weißen Welt, ihr bei ihren Problemen nicht weiterhilft. Sie hält an der Idee fest, dass das weiße und schwarze Ehepaar, alles anständige Menschen, ihre Familie ausmachen. Indem Son aber in ihr Leben tritt, steht sie von nun an zwischen den Vertretern zweier entgegengesetzter Wertesysteme und Lebensweisen – zwischen dem *Mann, der die Arbeitsamkeit schätzte [und dem Mann], der Brüderlichkeit pries.* (T, S. 214) Dem ersteren ist sie aufgrund ihrer Erziehung und Ausbildung verbunden; den zweiten lernt sie durch Son kennen. Im Zusammensein mit ihm wird sie auch wiederholt mit einer Vorstellung von Weiblichkeit konfrontiert, wie sie ihr zuerst in der Frau in Gelb begegnete und die für die traditionelle Kultur ihres Volkes steht.

Son, mit seiner dunklen Haut, seinem Rastafarierhaar, einer mangelhaften Ausbildung, auf dessen Augen und Stirn jedoch *Weite, Berge, Savannen* lagen (T, S. 167), verkörpert etwas ganz anderes als der Haushalt des weißen Besitzers Valerian Street, der den Namen eines römischen Kaisers trägt. Son lebt bewusst als Außenseiter: *Der Zwiespalt zwischen seinem eigenen Wissen um seine Kraft und der Meinung, die die Welt davon hatte, sonderte ihn ab, isolierte ihn. Aber er hatte die Einsamkeit gewählt und die Gesellschaft anderer Einsamer – sich dafür entschieden, als alle anderen längst aufgegeben hatten, weil er nie so wie sie in dieser Welt leben wollte.* (T, S. 175) Obwohl er allerlei auf dem Gewissen hat, den Tod seiner Frau eingeschlossen, und sein Leben am Rande und sogar jenseits der Gesetzlichkeit verbringt, ist er fraglos der sympathischste unter den Bewohnern des Hauses, weil er Anteil nimmt und alle mit Achtung behandelt. Im Gegensatz zu Jadine hat er ein richtiges Zuhause, obwohl auch er ohne Mutter aufgewachsen ist. Eloe, eine winzige schwarze Stadt in Florida, ist für ihn die Heimat, in die er nach Jahren zurückkehren will: *Nicht in das unangenehm-blutrünstige Land, sondern zu dem Ort, der sein Zuhause war. Zu diesem Ort, der anders war, und von breiten schwarzen Frauen in schneeweißen Kleidern beherrscht und immer trocken, grün und ruhig war.* (T, S. 176) Er versteht

Mit den Söhnen Harold Ford und Slade Kevin, 1981.
Foto von Bernard Gotfryd

sich als Sohn dieses von aller Modernität kaum berührten Ortes: *Son. Es war der Name, der sein wirkliches Ich ansprach. Das Ich, das er nie belog, das er nachts liebevoll in sich versteckte und das er nie sterben sehen wollte. Die andern Ichs waren eher wie Worte, die er sprach – Gebilde des Augenblicks, Fehlinformationen, die Son vor Schaden bewahren und wenigstens diese eine Wirklichkeit sichern sollten.* (T, S. 146) New York, wo, wie er meint, die schwarzen Mädchen weinend durch die Straßen gehen, ihre Männer weder nach rechts noch nach links schauen und die Kinder keine Kinder sind, reizt ihn nicht, sondern stimmt ihn traurig. Deshalb besteht er darauf, dass Jadine nach Eloe kommt, zu den Frauen, die für ihn alles Beständige und Authentische bedeuten. Schon bevor er Jadine kannte, als er nur Nacht für Nacht am Boden neben ihrem Bett saß, während sie schlief, hatte er versucht, ihr seine Träume einzugeben: *Träume von gelben Häusern mit weißen Türen, aus denen Frauen traten und riefen «Komm herein, Schatz», und von den dicken, schwarzen Matronen in weißen Kleidern, die sich um den Kuchentisch im Souterrain der Kirche kümmerten, und von nassen, weißen Laken, die an einer Leine flatterten, und vom Klang einer sechssaitigen Gitarre, die nach dem Abendessen gezupft wurde, während Kinder Walnüsse auflasen und ihr gaben.* (T, S. 127)

Während Eloe für Son Geborgenheit bedeutet, sieht Jadine nur einen grässlichen, langweiligen, ausgebrannten Ort. *Ohne Leben. Vielleicht hatte er eine Vergangenheit, aber ganz sicher keine Zukunft [...].* (T, S. 269) Sie wird zu den Frauen und Kindern abgeschoben, während die Männer auf der Veranda sitzen und sie ignorieren. Doch fühlt sie sich hier nicht nur fremd und fehl am Platz. Es geht ihr diesen Frauen gegenüber, die sich durch nichts, nicht einmal durch Schönheit auszeichnen, ähnlich wie mit der Frau in Gelb. Ein Gefühl der Unzulänglichkeit und Unechtheit überkommt sie, ein Gefühl, das in einer nächtlichen Angstvision gipfelt: Sie sieht *Rosa und Thérèse und Sons tote Mutter und Sally Sarah Sadie Brown und Ondine und Soldiers Frau Ellen und Francine aus der Irrenanstalt und ihre eigene tote Mutter und sogar die Frau in Gelb. Alle drängten ins Zimmer [...] enthüllten erst die eine Brust und dann beide, und Jadine war entsetzt.* Sie versucht, sich zu verteidigen, indem sie sagt, dass sie auch Brüste habe, aber die Frauen glauben ihr nicht. (T, S. 267 f.) Jadine fühlt, wie ihre moderne Weiblichkeit durch die einfache Gegenwart dieser Frauen in Frage gestellt und entwertet wird.

Wofür steht aber diese andere Art von Weiblichkeit? Sie wird anhand eines großartigen poetischen Bildes veranschaulicht, in dem Jadine von mythischen Sumpfhexen beobachtet wird, wie sie sich aus dem Sumpf, in den sie bis zu den Knien eingesunken war, zu retten sucht: *Die Frauen, die von den Bäumen hingen, waren jetzt still und stolz – stolz auf ihren Wert und ihre außergewöhnliche Weiblichkeit; überzeugt, daß die erste aller Welten aus ihren geheiligten Fähigkeiten geschaffen worden war, daß sie allein die Steine der Pyramiden und das Schilf von Moses' Körbchen zusammenhalten konnten. Ihre unerschütterliche Beständigkeit kennend, ihren gemessenen Gletschergang, ihre ewige Umarmung, wunderten sie sich über die verzweifelten Anstrengungen, die dieses Mädchen da unten machte, um frei zu sein, um etwas anderes zu sein als sie.* (T, S. 192 f.) Es geht demnach nicht um diese oder jene Verhaltens- oder Lebensweise, sondern um etwas Grundsätzliches, die Fähigkeit und Bereitschaft, zu schaffen und zusammenzuhalten und für andere da zu sein, wie dies die schwarzen Frauen seit jeher taten. In Jadines Fall hieße das, ihr glanzvolles unauthentisches Leben gegen ein bescheidenes zu tauschen, sich um Ondine und Sydney zu kümmern, für sie zu kochen und vielleicht zusammen mit Son ein Kind haben. Doch Jadine ist nicht bereit, diese Rolle einzunehmen. In ihrem letzten Gespräch, als Ondine ihr erklärt, dass ein Mädchen lernen müsse, eine Tochter zu sein, wenn sie eine richtige Frau sein wolle, entgegnet ihr Jadine: «*Es gibt andere Arten, eine Frau zu sein [...]. Ich will nicht lernen, die Art von Frau zu sein, von der du sprichst, weil ich die Art von Frau nicht sein will.*» (T, S. 291)

Eine ähnliche, aber umfassendere Auseinandersetzung erfolgt zwischen Jadine, der gegenwarts- und zukunftsorientierten Frau, und Son, dem traditionsverbundenen Mann. Jadine wirft ihm sein nutzloses Leben vor – nicht nur, dass er seine Frau umgebracht, sondern dass er sich auch jahrelang wegen anderer Vergehen vor dem Gesetz versteckt habe, obwohl ein billiger Rechtsanwalt die Sachen hätte in Ordnung bringen können. Während dieser Zeit habe sie gearbeitet, etwas aus ihrem Leben gemacht, eine Ausbildung bekommen und gelernt, wie man es in dieser Welt schafft. «*Bleib du nur in diesem mittelalterlichen Sklavenkorb, wenn du willst. Aber [...] verlang nicht, daß ich da mitmache. Keiner von uns kann etwas an der Vergangenheit ändern, aber wir können unser eigenes Leben besser machen, das ist alles, wozu ich versucht habe, dir zu helfen. Das ist die einzige Rache, darüber hinwegzukommen. Und sie zu überwinden. [...] du weißt nicht, wie man die Vergangenheit vergißt und es besser macht.*» (T, S. 282) Diesem sehr wahren und überzeugenden Argument entgegnet Son mit ebenso wahren und treffenden Worten: «*Die Wahrheit ist, daß alles, was du auf diesen Colleges gelernt hast, alles, was nicht mich einschließt, Scheiße ist. [...] Haben sie dir gesagt, wie ich bin, haben sie dir gesagt, was in meinem Kopf ist? [...] Wenn sie dir das nicht beigebracht haben, dann haben sie dir gar nichts beigebracht, denn solange du nichts über mich weißt, weißt du nichts über dich selbst [...] und gar nichts über deine Kinder und gar nichts über deine Mama und deinen Papa.*» (T, S. 274 f.)

Jadines und Sons gegensätzliche Einstellungen sind unvereinbar. Er kritisiert, dass ihre Ausbildung ihr eine fremde Kultur und Geschichte aufgedrängt und von ihrer eigenen abgebracht hat, und sie möchte, dass er Teil der modernen Welt wird, sein Außenseitertum überwindet und einen Beruf lernt. Aber beide versteifen sich auf ihre einseitigen Positionen, die als solche nicht haltbar sind. Jadine kehrt nach Paris in ihr vermeintlich freies Leben zurück, während Son, nachdem er verzweifelt nach ihr gesucht hat, sich auf der *Isle des Chevaliers* zu den legendären blinden Reitern, den Nachkommen gestrandeter Sklaven, gesellt – also in eine mythische Vergangenheit eingeht.

Entsprechend dem offenen Ende des Romans hat auch die afroamerikanische Teerbaby-Legende, die der Geschichte zugrunde liegt, mehrere Auslegungen. Einerseits ist Jadine das Teerbaby und repräsentiert die Falle, in die der weiße Farmer (Valerian) das Kaninchen (Son) lockt und aus der er sich retten muss. In der afrikanischen Überlieferung hat Teer aber auch positive Eigenschaften, als eine Substanz, die zusammenhält und verbindet und somit symbolisch für die *heiligen Fähigkeiten* der Frauen steht – Fähigkeiten, die Jadine jedoch abgehen. Sie lehnt die Verantwortung für Ondine und Sydney ab, bei denen sie erst vor kurzem Zuflucht gesucht hatte, und verwirft damit ihr *wahres Erbe*, die Verantwortung für eine Gemeinschaft. Jadine, die vermeintliche Kulturträgerin, bleibt ihrer Kultur abtrünnig und demzufolge wurzellos und frei.

EINE QUALVOLLE GESCHICHTE ERINNERN UND ERFINDEN: «MENSCHENKIND»

Obwohl *Menschenkind* (1987) der erste Teil einer Trilogie ist, nimmt dieser Roman bei vielen Lesern eine Sonderstellung ein. Er befasst sich auf so eindringliche Weise mit einem fundamentalen Aspekt afroamerikanischen Lebens, der Sklavenepoche und ihrem Erbe, dass er mehr als die anderen Bücher einen tiefen und bleibenden Eindruck hinterlässt.

Diese Zeit wurde seit den unzähligen Sklavenerzählungen und *Onkel Toms Hütte*, die zwischen 1830 und dem amerikanischen Bürgerkrieg erschienen, in der Literatur kaum wieder thematisiert. Auch verschwiegen diese älteren Texte sehr viel und befassten sich nicht mit den schwierigen Folgen der Versklavung, da sie für ein weißes Publikum bestimmt waren mit der Absicht, dieses für den Kampf gegen die Sklaverei zu gewinnen. Toni Morrison hatte sich mit der qualvollen Geschichte ihres Volkes anlässlich der Herausgabe des *Black Book* (1974) befasst. Als sie jedoch mit

Menschenkind begann, wurde ihr bewusst, wie wenig Genaues sie über die Sklavenzeit wusste, die an die dreihundert Jahre gedauert und Millionen von Opfern gefordert hatte. Von denjenigen, die noch in Afrika oder auf den Schiffen zugrunde gingen, sind keine Spuren geblieben. In das Schicksal derjenigen, die den neuen Kontinent lebend erreichten und versklavt wurden, geben Lieder, Legenden und Tänze, Zeitungsberichte und -notizen sowie die Tagebücher, Memoiren und Geschäftsbücher der Schiffskapitäne und Sklavenhalter einigen Einblick. Aufgrund dieser spärlichen Quellenlage – die Geschichtsschreibung hatte im Gefolge der Bürgerrechtsbewegung gerade erst begonnen, diesen Komplex aufzuarbeiten – vermittelt Toni Morrison eine Vorstellung des Sklavendaseins aus der Perspektive der Betroffenen. Es war eine Aufgabe, die ihr, wie sie zugibt, ungeheure Schwierigkeiten bereitete.

Der Kern der Geschichte bildete eine Zeitungsnotiz von 1851 über eine entflohene Sklavin, die zur Mörderin am eigenen Kinde wurde. Toni Morrison übernimmt die Geschichte bis zu diesem Punkt. Wie die historische Margaret Garner hat auch die fiktive Sethe vier Kinder, findet Zuflucht bei ihrer Schwiegermutter in der Nähe von Cincinnati und entscheidet, ihre Kinder zu töten, um sie vor dem Sklavendasein zu bewahren. Doch dann lässt Morrison Sethe in der Freiheit weiter leben, während die historische Margaret Garner mit ihren überlebenden Kindern zu ihrem Sklavenhalter zurückgeschickt wurde. Morrison erfindet ein anderes, wie sie meint, «glücklicheres» Schicksal für ihre Romanfigur, da es ihr um die Verarbeitung der Vergangenheit und die Rolle des Gedächtnisses ging.

Das eigene Schreibverfahren veranschaulicht Toni Morrison an der Art, wie sie Sethes Tochter Denver erzählen und den Geist Menschenkind zuhören lässt: *Denver nahm die Fragen schon vorweg, indem sie den Bruchstücken, die ihre Mutter und ihre Großmutter ihr erzählt hatten, Leben einhauchte – und einen Herzschlag. Und der Monolog wurde zum Duett, während sie sich zusammen hinlegten und Denver Menschenkinds Neugier Nahrung gab. [...] beide zusammen taten ihr Bestes, um das was geschehen war, so zu erschaffen, wie es wirklich geschehen war, was ja nur Sethe wußte, da sie allein sich daran erinnerte und später die Zeit hatte, es zu formen.* (M, S. 111) Die Vergangenheit muss, in Toni Morrisons Formulierung, *wieder-erinnert*, erschaffen und geformt werden, und zwar nicht nur mit dem notwendigen Feingefühl von denen, die sie nur lückenhaft kennen, sondern auch von denen, die sie selbst erfahren haben und von ihren Erinnerungen verfolgt werden. Diese Aufgabe fällt der Erzählerin ebenso wie der Zuhörerin zu. Zusammen erschaffen die beiden Mädchen eine Vergangenheit, die produktiv für das Weiterleben werden sollte. Denvers Erzählung befasst sich nur mit dem Teil von Sethes schwerem Leben, in dem sie selber vorkommt, als sie in einem Kahn zwischen dem *blutbefleckten und dem freien Ufer* des Ohio River mit Hilfe eines weißen Mädchens und eines freien schwarzen Mannes zur Welt kam.

Die Aufgabe der Autorin Morrison war umfassender. Ihr *Wieder-Erinnern* durfte sich nicht auf diese verhältnismäßig freundlichen Erfahrungen beschränken, sondern musste auch die grauenvollsten mit einbeziehen. Dies erforderte die Kenntnis der Lebensbedingungen und der besonderen Unterjochungs- und Foltermethoden, durch welche die aus Afrika verschleppten Menschen erniedrigt, gedemütigt, gebrochen und oft in den Tod getrieben wurden oder im Wahnsinn endeten. Sie fand solche Auskünfte vor allem in den Aufzeichnungen der Sklavenhalter und baute sie in den Roman ein, ohne die Darstellung dieser Grauen zum Hauptanliegen zu machen. Vor allem wollte sie die Geschichte so erzählen, dass die Leser Einblick in das innere Leben ihrer Figuren gewannen. Sechs Jahre arbeitete sie an dieser tabuisierten Geschichte und weigerte sich zu akzeptieren, dass sie nicht kunst- und literaturfähig sei. (Conv, S. 253, 244) Das Buch stellt hohe Erwartungen an die Leser, denn diese sollen die Geschichten mit ihrer eigenen Vorstellungskraft vervollständigen und Zusammenhänge herstellen. Ein Dialog sollte zwischen ihnen und der Erzählerin entstehen, vergleichbar dem Duett zwischen Denver und Menschenkind.

Menschenkind ist den *sechzig Millionen und mehr* gewidmet, bringt also die Verschleppung und Versklavung der Schwarzen in unmittelbare Beziehung zur Vernichtung der sechs Millionen Juden in der Shoah. Doch gibt es einige wichtige Unterschiede. Zwar war das Erinnern auch für viele Shoah-Opfer und ihre Kinder so schmerzhaft, dass für sie das Schweigen darüber zur Lebensnotwendigkeit wurde. Bekanntlich fanden aber viele andere in den

Mit Chinua Achebe, dem nigerianischen Schriftsteller, an seinem
80. Geburtstag, Bard College, New York, November 2000. Foto
von Will Waldron

Konzentrations- und Vernichtungslagern gefangene Menschen
den Willen und die Kraft zum Überleben, weil sie der Welt berichten wollten, was ihnen widerfahren war. Dies zeitigte eine Fülle
von dokumentarischen und künstlerischen Zeugnissen, in denen
die Grausamkeiten und ihre Wirkungen aufs Genaueste beschrieben werden. Von Seiten der Sklaven hingegen gibt es nichts Vergleichbares – keine mündlich überlieferten Geschichten und keine
Lieder, die von ihrer Gefangennahme, der Überfahrt, der Versklavung und den unsäglichen Erniedrigungen berichten. Das umfas-
sende Schweigen über die Vergangenheit, das Verdrängen und Ver-
gessenwollen über Generationen hin, deutet Toni Morrison als die
Voraussetzung für das Weiterleben.[50] In gewisser Hinsicht scheinen die Belastungen der befreiten Sklaven und ihrer Nachkommen
noch schwerer als die der jüdischen Überlebenden gewesen zu sein.
Die Sklaven hatten wohl im Laufe der Jahrhunderte unglaubliche
Widerstandskräfte entwickelt. Doch konnten sie nach der Befreiung nicht wie die europäischen Juden auf eigene Leistungen in
allen Bereichen politischen, sozialen und kulturellen Lebens zu-

rückblicken. Ihnen fehlten nicht nur Erfahrungen dieser Art, sondern auch jegliche Erinnerung an eine frühere autonome Existenz, die ihr Selbstbewusstsein hätten festigen können.

Alle Figuren im Roman, die die Sklaverei erlebten, sprechen nur gezwungenermaßen über ihre Vergangenheit: *Für Sethe bestand die Zukunft darin, die Vergangenheit fernzuhalten* (M, S. 65), und Paul D hatte *einen ziemlichen Teil seines Gehirns einfach verschlossen und nur noch mit dem Teil funktioniert, der ihm gehen, essen, schlafen und singen half. Alles andere ließ er in der Tabaksdose, die da in seiner Brust begraben lag, wo einmal ein rotes Herz gewesen war. Der Deckel war zugerostet.* (M, S. 63, 105) Baby Suggs, als sie einmal in Freiheit war, wollte wohl *Schwert und Schild* ablegen und riet auch den anderen, dies zu tun – *eines nach dem anderen [...] die schweren Messer der Verteidigung gegen Elend, Reue, Bitterkeit und Schmerz.* (M, S. 121) Als aber die Sklavenfänger in ihren Hof im Norden eindringen, zerstören sie ihr neu gewonnenes Vertrauen, sodass nicht einmal der Bürgerkrieg sie aus ihrer abgrundtiefen Enttäuschung erlösen kann. Nur Denver, die keine direkten Erinnerungen hat und die Vergangenheit nur selektiv wissen will, *[betrat] ohne Schwierigkeiten die ausgetretenen Pfade der Geschichte, die [...] vor ihr lagen.* (M, S. 48) Und doch sind es die sich immer wieder aufdrängenden Erinnerungen, die das Leben in der Freiheit belasten. Der Roman wird so zu einer Erkundung der Frage, wie eine so qualvolle, tief beschämende und deshalb verdrängte Vergangenheit zu erinnern sei, um sie für die Gegenwart, nicht nur der Figuren, sondern auch der Leser, produktiv zu machen.

Menschenkind ist einerseits ein historischer Roman, der, im Unterschied zu *Solomons Lied* und *Teerbaby*, die Vergangenheit nicht mythisch rekonstruiert, sondern auf Erfahrungsspuren gründet. Andererseits ist er eine Geistergeschichte, die auf verschiedenen Ebenen funktioniert und das Ziel hat, das Verlorene und Vergessene vorstellbar, wenn auch nicht erzählbar zu machen. Der Fleisch gewordene Geist ist wirklich. Er ist das, wofür ihn Sethe und Denver erkennen – das ermordete Kind, das nach achtzehn Jahren als junge Frau zurückkehrt. Zugleich repräsentiert der Geist eine andere Art von Totsein, nämlich das unsägliche Leiden all jener, die den Transport von Afrika nach Amerika erlitten hatten oder ihm zum Opfer gefallen waren, und der im Gedächtnis seiner Nachkommen umgeht. Die *andere Seite*, von der so oft die Rede ist, bedeutet somit zweierlei: die Sklaverei im Süden und das Jenseits, wo die Toten sind. In diesem Sinne spricht Sethe zu Menschenkind: *Ich hab gespürt, wie sich das anfühlt, und keiner, der auf der Erde rumläuft oder drunter liegt, soll es dich auch spüren lassen. Dich nicht und niemanden, der mir gehört, und wenn ich dir sag, daß du mir gehörst, dann mein ich damit auch, daß ich dir gehör. [...] Ich wollte uns ja alle auf die andre Seite bringen, wo meine Ma'am war. Mich haben sie zwar dran gehindert, aber dich haben sie nicht hindern können.* (M, S. 278 f.) Aus Sethes Sicht und Erfahrung ist der Tod einem Leben in der Sklaverei vorzuziehen.

Vorerst glaubt Sethe, dass die Gegenwart des Geistes alles gut mache, dass sie nun Menschenkind umsorgen könne wie eine richtige Mutter, da diese ihre Tat verstehen und akzeptieren würde. Doch das Gegenteil tritt ein. Der Geist, unersättlich in seiner Sucht nach Liebe und Zugehörigkeit, ist darauf aus, sich Sethes – dieses Gesichtes, das sie damals hätte anlächeln sollen aber verlassen hat – zu bemächtigen. Die Vergangenheit, in Gestalt der getöteten Tochter, die zugleich Symbol für die Sklaverei ist, wird allgegenwärtig und droht Sethe zu überwältigen, sodass endlich die Gemeinde einschreitet, um den Geist zu bannen.

Wiederholt zeigt der Roman, dass die Vergangenheit nicht allein – wie Sethe es versucht –, sondern nur im Zusammenleben mit anderen erträglich wird. Von Sethe und Paul D heißt es: *Ihre Geschichte war erträglich, weil sie auch die seine war – man konnte sie erzählen, Einzelheiten hinzufügen und erneut erzählen. Die Dinge, die keiner vom anderen wußte – für die keiner von ihnen Worte hatte –, auch die würden noch kommen, wenn es an der Zeit war.* (M, S. 139)

Die Auseinandersetzung mit der komplizierten Rolle des Erinnerns und Verdrängens bestimmt die Struktur der Erzählung, denn die Romanhandlung beleuchtet zwei wichtige Perioden im Leben der Figuren und in der amerikanischen Geschichte – die Zeit vor und nach der Sklavenbefreiung. Die erste manifestiert sich hauptsächlich als bruchstückhafte Erinnerung. Sie umfasst die Jahre 1850 bis 1855, in denen sie als Sklaven in Sweet Home, einer Plantage in Kentucky leben, wo ein wohlmeinender Besitzer, Mr. Garner, sie verhältnismäßig gut behandelt. Die einzige Sklavin Sethe arbeitet an der Seite von Mrs. Garner, wobei eine verhalten menschliche Beziehung entsteht. Als aber Mr. Garner plötzlich stirbt, der Schullehrer die Farm übernimmt und die brutalsten und schändlichsten Unterjochungsmethoden einführt, versuchen die Sklaven, in den freien Norden zu entkommen. Denn jetzt besteht auch für sie kein Zweifel mehr daran, dass sie für die Weißen keine Menschen, sondern allenfalls bewegliche Habe sind, dass *jeder hergelaufene Weiße dich ganz und gar und zu allem benutzen konnte, was ihm gerade einfiel. Nicht nur, um dich arbeiten zu lassen, dich umzubringen oder zu verstümmeln, sondern auch, um dich zu beschmutzen [...], daß du dich selbst nicht mehr leiden konntest [...], daß du vergaßt, wer du warst.* (M, S. 342) Die Flucht gelingt einzig Sethe und ihren vier Kindern. Sie erreichen das Haus ihrer freigekauften Schwiegermutter Baby Suggs in Cincinnati jenseits des Ohio River. Die Männer hingegen werden alle entdeckt. *Einer verrückt, einer verkauft, einer vermißt, einer verbrannt, und ich leckte am [Maul] Eisen, die Hände auf den Rücken gebunden* – so fasst Paul D das entsetzliche Ende der missglückten Flucht zusammen. (M, S. 104) Aber auch Sethe ist nicht in Sicherheit. Einen kurzen Monat genießt sie ihr unversklavtes Dasein in einer Gemeinde von etwa vierzig anderen freien Schwarzen. Dann wird sie von den Sklavenfängern eingeholt, die sie nach Kentucky zurückbringen wollen. Um ihren Kindern ein Leben in der Sklaverei zu ersparen, ist sie bereit, alle und sich selber zu töten. Mit einer Säge durchschneidet sie die Kehle des zweijährigen Mädchens, wird jedoch gehindert, die schreckliche Tat auch an ihren beiden Jungen und dem Baby zu verüben.

Flucht und Mord erfolgen im Jahr 1855; die zweite Periode und der Zeitpunkt der Romanhandlung fallen in die Jahre 1873 und 1874. Dazwischen liegen der amerikanische Bürgerkrieg und die Emanzipationsproklamation der Sklaven – zwei grundlegende Ereignisse, die jedoch nur schattenhaft ins Bewusstsein der Figuren eindringen, da sie kaum etwas an ihrem weiterhin benachteiligten Status veränderten. Sethe wohnt mit ihrer Tochter Denver noch immer im gleichen Haus in der Bluestone Road und arbeitet als Köchin. Baby Suggs ist seit vielen Jahren tot, und die beiden Söhne, die den Geist nie ertragen konnten, haben sie verlassen. Der Kontakt mit der Gemeinde ist abgebrochen. Das Haus, das einmal als Wegstation der «underground railroad» für fliehende Sklaven diente, ist vereinsamt. Seine zwei Bewohner leiden immer mehr unter der Bosheit des aufmüpfigen Geistes, den sie schließlich rufen, in der Hoffnung, der Qual ein Ende zu machen.

Toni Morrison betont in diesem Roman, mehr noch als in den früheren, die Verbundenheit ihrer Figuren mit der afrikanischen Kosmologie, in der es keine scharfe Trennung zwischen Geschichte und Geisterwelt, zwischen Diesseits und Jenseits, zwischen Vergangenheit und Gegenwart gibt. Und schließlich erweist sich auch der erwartete grundsätzliche Unterschied zwischen einer Sklavenexistenz und einem Leben im freien Norden als Illusion.

Der Roman veranschaulicht, wie die Figuren äußerlich zwar freie Menschen sind, die über sich und ihr Leben bestimmen können, dass das Leben in der Freiheit aber kein leichteres ist als das frühere als Sklaven. Die Gründe dafür sind sozialer und persönlicher Art. Der Norden erweist sich als weder einladend noch wohlwollend. Baby Suggs' *Vergangenheit war ebenso gewesen wie ihre Gegenwart – unerträglich – [...].* (M, S. 12) Und von Sethe heißt es: *Das «bessere Leben», das sie und Denver ihrer Meinung nach führten, zeichnete sich lediglich dadurch aus, daß es nicht jenes andere war.* (M, S. 65) Baby Suggs' kaputte Hüfte, Sethes *Zierat* (die baumähnlichen Vernarbungen von Peitschenhieben auf ihrem Rücken) und Paul Ds *Halsgeschmeide* (die sichtbaren Spuren des berüchtigten Dreieckkragens, in dem er sich kaum bewegen und auch nachts nicht hinlegen konnte) sind die äußeren Zeichen erlittener Schmach, die als physische und psychische Schäden in der Freiheit weiterwirken. Sethe kommt während des einen Monats unversklavten Lebens zur Einsicht: *Sich zu befreien war eine Sache; von diesem befreiten Selbst Besitz zu ergreifen eine andere.* (M, S. 133) Es geht um eine Identitätssuche grundlegender Art, um die Schwierigkeit, sich als

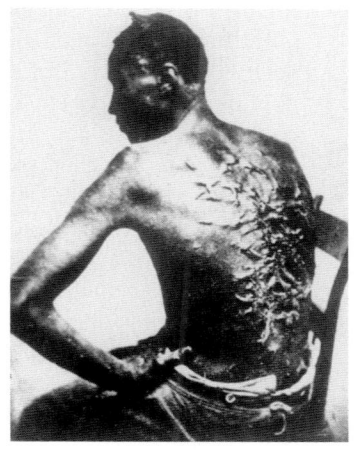

«Der Zierat auf dem Rücken» – Gordon, früherer Sklave aus Louisiana, der in den Norden entkam. Foto von 1863

autonome, moralisch denkende und handelnde Person zu verstehen, «ich» und «mein» zu sagen, den eigenen Willen einzusetzen, Entscheidungen zu treffen und die Folgen dafür auf sich zu nehmen, oder auch nur Fragen über sich selbst zu stellen. Als Sklaven hatten sie kein Recht gehabt, solchen Überlegungen nachzugehen; sie wussten, *daß Definitionen denen zustehen, die definierten, nicht denen, die definiert werden.* (M, S. 261)[51]

Identität ist auf komplizierte Weise mit Besitz und Liebe verbunden. Baby Suggs versteht vorerst nicht, warum ihr Sohn Halle sie durch jahrelange harte, zusätzliche Arbeit freikaufen will. Aber *als sie den Fuß in die Freiheit setzte, konnte sie kaum glauben, daß Halle wußte, [...] daß es auf dieser Welt nichts Vergleichbares gab. Es erschreckte sie. [...] plötzlich sah sie ihre Hände und dachte mit einer Klarheit, die ebenso einfach wie verwirrend war: Diese Hände gehören mir. Diese m e i n e Hände. Dann spürte sie ein Klopfen in ihrer Brust und entdeckte noch etwas Neues: ihren eigenen Herzschlag.* (M, S. 195) Ihr Körper gehört ihr – diese späte und beinah unerhörte Einsicht führt zu ihrer großen Predigt in der Waldlichtung. Die einst unter der Last ihrer Unfreiheit fast verstummte Frau wird zur Predigerin, die die anderen frei gewordenen Schwarzen ermahnt, sich selbst zu lieben, da niemand sie auch nur ein wenig liebte, als sie noch Sklaven waren – ihre *Augen nicht*, ihre *Haut nicht*, ihren *Mund nicht*, ihre *Hände nicht*. Einen Körperteil nach dem anderen nimmt sie vor, erklärt, was *dort drüben* mit ihm getan wurde und wie sie jetzt mit ihm umgehen sollen. Auch zum Lachen, Tanzen und Weinen fordert sie die Menge auf, denn Gefühle auszudrücken war ihnen ebenfalls versagt, oder sie haben sie selbst unterdrückt. (M, S. 123–125) Paul D ist dieses Gefühl einer fundamentalen Unzugehörigkeit ebenfalls eigen, welches ihn auch nach dem Bürgerkrieg und der vermeintlichen Emanzipation nicht verlässt; er weiß, dass sogar der *Nebel, Tauben, Sonnenschein, Erz, Erde, Mond – einfach alles den Männern gehörte, die die Waffen trugen.* (M, S. 223)

Bei der Hausssklavin Sethe ist das Ichgefühl ausgeprägter. Der Individualitätsanspruch durchzieht ihre ganze Geschichte, angefangen mit ihrer Gewohnheit, jeden Tag irgendein hübsches Gewächs in Mrs. Garners Küche zu bringen, um das Gefühl haben zu können, dass ein Teil davon ihr gehöre, bis zu der festen Erwartung, dass ihre Verbindung mit dem Sklaven Halle durch eine Art

Hochzeit gefestigt und gefeiert würde, und schließlich ihrem Selbstverständnis als Mutter ihrer Kinder. Sethes Lebensanspruch steht in krassem Gegensatz zu den ausschließlich erduldeten Schicksalen ihrer eigenen Mutter und Baby Suggs'. Diese Frauen wurden nicht nur entweder vergewaltigt oder mit Männern gepaart, die die Sklavenhalter für sie bestimmt hatten. Auch ihre Kinder heranwachsen zu sehen war ihnen versagt, weil sie ihnen weggenommen und weiterverkauft wurden. Baby Suggs' Erfahrung steht für die der meisten Sklaven: *Alle Menschen, die [sie] kannte oder gar liebte und die nicht weggelaufen oder aufgehängt worden waren, wurden vermietet, verliehen, aufgekauft, zurückgebracht, eingepfercht, verpfändet, gewonnen, gestohlen oder festgenommen.* (M, S. 39) Somit bewirkt Sethes unbedingte Liebe zu ihren Kindern, aber auch ihr Anspruch auf sie, bei den anderen Sorge und Befremden. Sie sehen darin eine Arroganz und einen Stolz, der auch einer früheren Sklavin nicht zukommt. Dies war der Grund für den Bruch zwischen ihr und der Gemeinde in Ohio. Paul Ds Gedanken drücken diejenigen der meisten anderen aus: *Riskant, [...] sehr riskant. Irgend etwas so sehr zu lieben war gefährlich für eine ehemalige Sklavin, besonders wenn es die eigenen Kinder waren. Am besten, das wußte er, war es, nur ein klein wenig zu lieben.* (M, S. 68) Paul D erlaubt sich nur, Dinge zu lieben, die unerreichbar sind, die er aber auch nicht zu verteidigen braucht: den winzigsten Stern, Grashalme, Salamander, Spinnen, Spechte, einen Ameisenhaufen.

Bei Sethe hingegen erweckt die geglückte Flucht, die erste Handlung, die sie willentlich und allein unternahm und durchführte, ein verstärktes Ichgefühl und eine wohltuende *Art von Selbstsucht*, die sie vorher nicht gekannt, die sich aber *gut und richtig* anfühlt: *Ich war groß, Paul D, und tief und weit, und wenn ich die Arme ausbreitete, paßten alle meine Kinder hinein. So weit war ich. Sieht aus, als hätt ich sie mehr geliebt, nachdem ich hierherkam. Vielleicht konnte ich sie in Kentucky auch nicht richtig lieben, weil es mir nicht zustand, sie zu lieben.* (M, S. 223) Doch Sethes unbedingte Mutterliebe wird ihr zum Verhängnis, als sie vor eine Wahl gestellt wird, zu der es weder in praktischer noch moralischer Hinsicht eine Lösung gibt. Zwar scheint sie nie an der Richtigkeit ihrer Entscheidung gezweifelt zu haben. Nur im Zusammenleben mit Menschenkind wird Sethe immer unsicherer, unterwürfiger und ist in Gefahr, sich selbst zu verlieren. Ihre Versuche, Menschenkind davon zu überzeugen, dass das, was sie getan hat, recht war, weil es echter Liebe entsprungen sei, zeigen die moralischen Schwierigkeiten, in denen sie sich befindet. Sogar ihre einfache, aber bestimmte Sprache verändert sich, *flüsternd, murmelnd* bittet sie den Geist um Verzeihung, obwohl sie, wie Denver erkennt, diese gar nicht will, im Gegenteil, sie will sie verweigert haben. (M, S. 343)

Paul D, der aus Selbstschutz seine Gefühle, Wünsche und seinen Willen eindämmt, ist von Sethes Tat so entsetzt, dass er sie auf eine Art verletzt, die ihre Menschlichkeit in Frage stellt: *«Du hast doch zwei Beine, Sethe, und nicht vier.»* (M, S. 227) Und doch ist es die Begegnung mit dieser, wie er meint, ungebrochenen Frau, die ihn zum Nachdenken provoziert und ihm in seiner Identitätssuche weiterhilft. Allein, im feuchten Keller einer winzigen Kirche bricht die metaphorische Tabaksdose auf, ergießt ihren Inhalt und weckt in ihm den Wunsch, zu weinen und tiefgründigen Gedanken nachzugehen, die nirgends einen festen Grund hatten. Noch Jahre nach der Erlangung der Freiheit beschäftigt Paul D die Frage nach seiner Identität, die er als Frage nach seiner Männlichkeit formuliert. *Es beunruhigte ihn, daß er hinsichtlich seiner eigenen Männlichkeit nicht schlüssig war. O ja, er handelte wie ein Mann, aber war das nun Garner zu verdanken oder seinem eigenen Willen? Was wäre er ohne Garner denn schon gewesen – vor Sweet Home? In Sixos Heimat oder der seiner Mutter? Oder, Gnade ihm Gott, auf dem Boot?* (M, S. 301 f.) Um weiterzukommen, muss er sich selbst befragen, wessen Wertesystem er zu seinem eigenen machen sollte – das seines aufgeklärten Sklavenherrn oder das seiner gefolterten Kameraden? –, und sich seine unterdrückten Gefühle ins Bewusstsein rufen. Er beginnt, seiner eigenen schmerz- und schmachvollen Geschichte nachzugehen, um auf diese Weise sein eigenes Selbst zu bestätigen.[52] So kommt er zur Einsicht, dass er nicht das Recht hatte, Sethe und ihre Tat zu verurteilen. Im Gegenteil, Sethe erscheint ihm jetzt als die Frau, die das Zartgefühl hat, das ihm seine Männlichkeit ließ, wie sie war: *Sie ist meiner Seele gut. Sie sammelt mich zusammen, Mann. Die Stücke, aus denen ich bestehe, die sammelt sie zusammen und gibt sie mir in der richtigen Reihenfolge zurück. So was ist gut, weißt du, wenn du eine Frau hast, die deiner Seele gut ist.* Und so möchte er *seine Geschichte neben die ihre setzen.* (M, S. 372, leicht revidiert)

Szene aus der Verfilmung von «Beloved» («Menschenkind») mit Oprah Winfrey (Mitte) als Sethe, 1998

Schließlich muss auch Denver ihre eigene Identität finden. Obwohl sie keine direkte Erfahrung mit dem Sklaventum hat, ist ihre Kindheit davon belastet. Sie verbringt sie in Einsamkeit und Angst vor einer Mutter, die sie zwar umsorgt, von der sie aber nicht weiß, ob und wann sie es wieder einmal für notwendig halten würde, ihr Kind zu töten. Sie empfängt deshalb Menschenkind als ihre Schwester und behandelt sie mit einem *hartnäckigen Besitzanspruch.* (M, S. 80) Sethe und Denver versuchen beide, sich ihrer Identität über andere zu vergewissern – die eigenen Kinder, die vermeintliche Schwester. Die Idee des Besitzens steigert sich ins Hymnische in den Passagen, in denen Sethe, Denver und Menschenkind ihre innersten Gedanken bekennen. Bei Sethe heißt es: *Menschenkind ist meine Tochter. Sie gehört mir. […] Und meine Tochter ist heimgekommen. […] Weil du mir gehörst und ich dir diese Dinge zeigen und dir beibringen muß, was eine Mutter einem beizubringen hat. […] Mich hält keiner von meinen Kindern fern. […] Sie ist zu mir zurückgekommen, meine Tochter, und sie gehört mir.* (M, S. 274 ff.) Denver äußert sich ähnlich: *Menschenkind ist meine Schwester. Ich hab ihr Blut mit der Muttermilch getrunken. […] Meine Schwester war gekommen, um mir auf meinen Daddy warten zu helfen. […] Ich liebe sie. […] Men-*

schenkind ist mein. Sie gehört mir. (M, S. 281 ff.) Anders spricht Menschenkind. Bei ihr geht es nicht mehr nur um Besitz, sondern um ein Ineinanderübergehen: *Ich bin Menschenkind und sie gehört mir. [...] ich bin nicht getrennt von ihr [...]   es gibt keinen Ort, wo ich aufhöre   ihr Gesicht ist meins, und ich will dort sein, wo ihr Gesicht ist, und es zugleich anschauen [...] ich sehe das dunkle Gesicht, das mich anlächeln wird   es ist mein dunkles Gesicht, das mich anlächeln wird   der eiserne Ring ist um unseren Hals   [...] Sethes Gesicht ist das, was mich verlassen hat [...]   ihr lächelndes Gesicht ist der Ort, an dem ich sein will   [...] jetzt können wir einswerden.* (M, S. 289 ff.) Menschenkinds Worte verdeutlichen die Gefahr, in der sich vor allem Sethe befindet. Der Verlauf der Geschichte zeigt, dass der Liebe und dem Besitzbegriff Grenzen gesetzt werden müssen, um zur eigenen Identität, zu einem gefestigten Ich zu finden. Denver erkennt dies in dem Moment, als sie sich entschließt, sich und ihre Mutter vor dem Geist zu retten. *Das war ein ganz neuer Gedanke, daß man ein Ich hatte, auf das man aufpassen und das man behüten mußte.* (M, S. 344) Zum ersten Mal seit langem verlässt sie das Haus, bittet um Hilfe in der Gemeinde und findet schließlich Arbeit bei Weißen, den Abolitionisten Godwin, die schon Baby Suggs und Sethe beigestanden hatten.

Mit Hilfe von Paul D beginnt auch Sethe, sich ihrer eigenen Identität zu vergewissern. Ihrer Überzeugung, dass ihre Kinder das Beste waren, was sie hatte, setzt Paul D entgegen, dass sie selber das Beste sei, was sie habe. Auf diese wiederholten Beteuerungen fragt Sethe endlich: «Ich? Ich?» Toni Morrison schließt diese schönste und zarteste ihrer Liebesgeschichten hoffnungsvoll: «*Sethe*», sagt er, «*du und ich, wir beide haben mehr Gestern als sonst jemand. Wir brauchen irgendein Morgen.*» (M, S. 372) Die Geschichten beider zeigen, dass das Weiterleben in Gemeinsamkeit und in Anerkennung der Vergangenheit möglich wird.

Ganz zuletzt wird in einer Coda noch einmal des Geistes gedacht. Von Einsamkeit ist die Rede, von einer Einsamkeit, die nicht beruhigt, einer Einsamkeit, die umherschweift, lebendig und unabhängig ist. Und von einem Mädchen ohne Namen, das darauf wartete, geliebt zu werden und entrüstet «Schande» zu schreien. Alle nennen das namenlose Mädchen Menschenkind; aber nachdem sie auf seinen Anstoß hin ihre Geschichten erfunden, ihnen Gestalt verliehen und sie ausgeschmückt haben, lassen sie es aus ihrer Erinnerung fallen. Das Geschichtenerzählen hat ihnen weitergeholfen. Die ungeheuerlichste Geschichte aber, die des toten Mädchens, die auch für das abgrundtiefe Leiden der unzähligen anderen Opfer steht, ist unfassbar – also nicht in Worte zu fassen. Deshalb – und so endet Toni Morrison – ist diese *keine Geschichte zum Weitererzählen.*

Fast zehn Jahre nach dem Erscheinen des Romans nahm Toni Morrison das Thema abermals auf. Sie war zu der Überzeugung gekommen, dass andere Gattungen der Geschichte Margaret Garners Weite und Tiefe verschaffen könnten. Die Menschen, ihre Leidenschaften und die schwierigen Aufgaben, vor die sie gestellt wurden, waren von so universeller Bedeutung, dass ihr die Oper als die geeignete Form erschien. Dazu kam die Musikalität der afroamerikanischen Sprache. Die Überlegungen der Dichterin fielen zusammen mit denen des Komponisten Richard Danielpour, mit dem sie schon früher zusammengearbeitet hatte. Auch er befasste sich zu der Zeit mit dem Konzept einer Oper über die entflohene Sklavin. Für ihn war es der erste Versuch als Opernkomponist und für sie der erste als Librettistin. Zusammen schufen die befreundeten Künstler ein musikalisches Werk von großer poetischer und dramatischer Kraft. Die Uraufführung der Oper *Margaret Garner* fand im Mai 2005 in Detroit, Michigan, statt.[53]

Programmheft der Uraufführung der Oper «Margaret Garner», 2005

Neuanfänge im Norden und Westen: «Jazz» und «Paradies»
Theoretische Überlegungen: «Im Dunkeln spielen»

Hätte Toni Morrison nicht selber darauf verwiesen, dass *Menschenkind* das erste von drei Büchern über die Liebe werden sollte, würden ihre Leser kaum auf die Idee kommen, *Jazz* (1992) und *Paradies* (1998) als zweiten und dritten Teil einer Trilogie zu sehen. Zwischen den drei Werken gibt es in thematischer und formaler Hinsicht nicht mehr Gemeinsamkeiten als zwischen den vorigen. Wie so oft bei Toni Morrison veränderte und erweiterte sich im Laufe des Schreibens das ursprüngliche Anliegen aller drei Romane so sehr, dass es schwer fällt, eine engere Verbindung zu erkennen.

Liebe ist ein Aspekt unter vielen. In *Menschenkind* geht es um Mutterliebe, die für Toni Morrison die Gefahr der Selbstaufgabe in sich birgt, auch wenn sie sie als die schönste weibliche Eigenschaft ansieht. Das ursprüngliche Thema, die Veranschaulichung einer extremen Mutterliebe, wurde, weil es sich um eine Sklavin handelt, zu einer umfassenden Untersuchung der Sklaverei und ihrer Folgen für verschiedene Figuren und deren Identitätssuche. Überdies wird die Funktion des Erzählens und Erinnerns zu einem wichtigen Bestandteil des Romans. In *Jazz* geht es um Liebe und Eifersucht zwischen einem Mann und einer Frau, wobei das Erinnern und Reflektieren über die Vergangenheit den Figuren Authenzität verleiht. In *Paradies* hingegen ist von Liebe wenig die Rede, und das angeblich perfekte Gedächtnis der Gründer der Stadt Ruby erweist sich als höchst unzulänglich für die Bewältigung der Gegenwart. Im Gegensatz zu allen anderen Romanen, in denen sich das Erinnern als ausschlaggebend für die Identitätsfindung der Figuren erweist, werden in *Paradies* die Gefahren einer exzessiven Bindung an die Vergangenheit dargestellt.

Alle drei Werke beleuchten einen besonderen Aspekt afroamerikanischer Geschichte. *Menschenkind* veranschaulicht die Zeit vor und nach der Sklavenbefreiung, wobei der Weg der Protagonisten vom Sklavenstaat Kentucky in den Freistaat Ohio führt. Genau da knüpft *Jazz* zeitlich an. Das Ende der Reconstruction in den 1870er Jahren, als die Jim-Crow-Gesetze eingeführt wurden, die

die Afroamerikaner erneut ihrer Rechte beraubten, zwingt die Protagonisten Joe und Violet dazu, das ländliche Virginia zu verlassen und am Anfang des 20. Jahrhunderts ein neues Leben in der Großstadt New York zu suchen. Auch *Paradies* beginnt mit dem Ende der Wiederaufbauperiode. Hier machen sich mehrere Familien aus Mississippi und Louisiana nach Oklahoma auf, wo sie eine ausschließlich schwarze Stadt gründen, die bis zum Zweiten Weltkrieg floriert, in den siebziger Jahren jedoch in eine tiefe Krise gerät. Somit thematisieren die späteren Romane die großen Wanderungen der Afroamerikaner vom Süden in den Norden und Westen des Landes.

Dem sechsten Roman *Jazz* kommt vor allem in formaler Hinsicht eine einzigartige Bedeutung zu. Der Titel verweist nicht nur auf die Musik, die New York und insbesondere das schwarze Harlem der zwanziger Jahre weltberühmt gemacht hat, er bestimmt auch die Struktur und den Ideengehalt des Romans. Doch ist von der berühmten Harlem-Renaissance wenig die Rede. Die Handlung spielt unter einfachen Menschen – fernab der von Weißen besuchten

Tafel 40 aus Jacob Lawrence' «Migration Series» (1940–41): «The migrants arrived in large numbers»

und protegierten Clubs und Künstler. Für sie ist Jazz die Musik, die von Dächern, aus Kneipen, auf der Straße und hinter den Wohnungstüren zu hören ist und zum Tanzen verführt. Gespielt, gepfiffen, gesungen oder auch auf Schallplatten wiedergegeben.

Virtuos schreibt Toni Morrison eine Jazzkomposition in Prosa um. *Jazz* ist keine lineare Erzählung, sondern besteht aus einer Vielfalt von Stimmen – wie der Erzählerin und der Romanfiguren, dem älteren Ehepaar Joe und Violet Spur, der achtzehnjährigen Dorcas, ihrer Tante Alice Manfred, dem schönen Mischling Golden Gray und Felice, Dorcas' Spiegel- oder eigentlichem Gegenbild. Jede für sich und alle zusammen schildern und kommentieren eine recht alltägliche Dreiecksgeschichte aus Liebe, Eifersucht und Gewalt. Wie bei allen Romanen von Toni Morrison ist auch hier die Frage nach dem Wie zentral, während sie leicht über das Was hinweggeht. In *Jazz* erfolgt die Erkundung nach dem Wie weniger auf der Ebene der psycho-sozialen Logik eines literarischen Werks, das überzeugen will, als auf der viel lockereren, tangentialen musikalischen Ebene, die einfach anzeigt. Musikalisch könnte man das so formulieren: Dem dissonanten Trio von Joe, Violet und Dorcas am Anfang steht nach vielen Variationen und Modulationen am Ende ein anders konstruiertes harmonisches Trio aus Joe, Violet und Felice gegenüber.

Das Buch ist nicht in Kapitel, sondern in zehn ungleich lange Abschnitte ohne Überschriften oder Nummerierung gegliedert; diese sind wiederum in kürzere Abschnitte unterteilt. Dieser kompositorische Aufbau wird dadurch herausgestrichen, dass Morrison metaphorische Verbindungen zwischen den Hauptteilen herstellt, die wie Portamenti bzw. Glissandi wirken. So endet der erste Abschnitt mit den Worten des Papageis, der immer sagte: *«Ich liebe dich.»* Der zweite beginnt mit den Worten: *Oder es früher getan hat* (J, S. 33, 35), denn Violet hat ihn vors Fenster gesetzt. Der Satz *Die Frau, die da am hellen Morgen mit Hut neben dem Bügelbrett saß* schließt den dritten Abschnitt und leitet zum vierten über, der mit demselben Bild einsetzt: *Der Hut, aus der Stirn nach hinten geschoben [...]. (J, S. 100 f.)* Beide Male ist von Violet die Rede, die als verrückt bezeichnet wird. Teil sieben und acht werden durch eine Frage und eine Aussage verbunden, wobei sich die Frage *Aber wo ist s i e ?* auf Joes verzweifelte Suche nach der ihm unbekannten Mutter bezieht, während die Aussage *Da ist sie* seine junge Geliebte Dorcas meint, die er verfolgt und kurz danach tötet. (J, S. 204 f.) Die Abschnitte fünf und sechs werden ebenso wie die Abschnitte neun und zehn durch Wortwiederholungen verbunden.[54]

Bei einer Jazzkomposition wird die Hauptmelodie zu Beginn vom führenden Instrumentalisten durchgespielt. Darauf folgen die anderen Musiker, die sich mit ihren Improvisationen abwechseln, das Thema variieren, wiederholen, neue Melodien hinzufügen, um es dann wieder dem ersten Musiker zu übergeben, und das Stück schließlich aufgrund der erprobten Harmonisierungen abschließen. Ganz ähnlich der Roman. Am Anfang wird in wenigen knappen, aber dramatischen Sätzen, die schon die Kompliziertheiten der Personen andeuten, die Handlung von einer scheinbar wissenden Erzählerstimme wiedergegeben. *Pfh, die Frau, die kenne ich. Die hat immer mit einer Schar Vögel in der Lenox Avenue gewohnt. Ihren Mann kenne ich auch. Der ist einer Achtzehnjährigen verfallen, mit so einer tiefen und schaurigen Liebe, die ihn dermaßen traurig und glücklich gemacht hat, daß er sie erschoß, nur damit das Gefühl anhielt. Als die Frau, Violet heißt sie, zur Beerdigung ging, um das Mädchen zu sehen und ihr das totenstarre Gesicht zu zerschneiden, warf man sie erst zu Boden und dann aus der Kirche. Da lief sie durch den ganzen Schnee, und als sie zurück in ihre Wohnung kam, hat sie die Vögel aus dem Käfig geholt und vors Fenster gesetzt – erfriert oder fliegt – mitsamt dem Papagei, der immer gesagt hat: «Ich liebe dich.»* (J, S. 9)

Es folgen weitere Einzelheiten über Violet und Joe, wie sie beide trauern; über Alice, die puritanisch respektable und besorgte Tante der jungen Dorcas; über Malvonne, die Joe ein Zimmer zur Verfügung stellt; und über die Entscheidung des Clubs, Violet nicht zu helfen, sondern sie selbst herausfinden zu lassen, *wie es in Ordnung gebracht werden konnte.* (J, S. 10)

Darauf setzt die Stimme zu einer Hymne auf die Stadt ein, zu deren unterschiedlichen Seiten – hell und dunkel, glücklich und traurig, Hoffnung verheißend und gefährlich – sie sich vollauf bekennt:

Ich bin verrückt nach dieser Stadt.

Tageslicht fällt schräg und scharf ein wie eine Rasierklinge und schneidet die Häuser entzwei. In der oberen Hälfte sehe ich herunterschauende Gesichter, und es ist nicht leicht zu erkennen, was Mensch ist und was die Arbeit von Steinmetzen. Drunter ist Schatten, und dort spielt sich alles Überkandidelte ab: Klarinettenklang und Liebe, Faustkämpfe und die Stimmen bekümmerter Frauen. Eine Stadt wie diese lässt mich beflügelt träumen und tief in die Dinge hineinfühlen. Sie ist hip. [...] Wenn ich über grüne [...] Grasstreifen blicke, Kirchtürme hinaufschaue und in die [...] Flure von Mietshäusern sehe, dann bin ich stark. Allein zwar, aber obenauf und unzerstörbar – wie die Stadt selbst im Jahre 1926 [...]. (J, S. 13) Besonders die letzten Worte zeigen, dass die Erzählerstimme in ähnlichen Illusionen verfangen ist wie die Personen, über die sie anfänglich so selbstsicher zu berichten wusste. Auch sie glaubt, dass ihr die Stadt nichts anhaben könne und dass sie die Kontrolle nie verlieren würde. Im Laufe des Erzählens zeigt sich dann, dass sie alles andere als allwissend ist. Obwohl sie vorsichtig jeden beobachtet und versucht, *seine Pläne und Gedanken zu enträtseln, lange bevor er es selber tut* (J, S. 14), muss sie schon sehr früh zugeben, dass sich die Sachen anders entwickeln – dass es vor allem gar nicht zu dem mit Sicherheit angesagten Mord kommt. Sie irrt sich auch in der Art, wie sie ihre Figuren charakterisiert. So erkennt sie zum Beispiel, dass Golden Gray, der «goldene» Sohn einer Plantagentochter, auf der Suche nach seinem schwarzen Vater viel differenzierter empfindet, als sie ihm zugemutet hat: *Woran habe ich nur gedacht? Wie konnte ich ihn mir nur so armselig vorstellen? Den Schmerz nicht bemerken, der nicht mit seiner Hautfarbe noch mit dem Blut zu tun hatte, das darunter pulste. Sondern mit etwas anderem, das sich nach Echtheit sehnte, nach einem Recht, an diesem Ort zu sein, mühelos, ohne Falsch im Gesicht [...]. Ich war nachlässig und dumm, und es macht mich wütend, (wieder einmal) zu merken, wie unzuverlässig ich bin.* (J, S. 178) Sie sieht sich gezwungen, immer weitere Geständnisse zu machen, denn die Figuren handeln auch anders als vorausgesehen. Am Ende meint sie sogar: *Ich sollte fort von hier. Das Fenster meiden; das Loch verlassen, das ich in die Tür gesägt habe, um anderer Leute Leben hereinzuholen [...]. Die Liebe zur Stadt hat mich abgelenkt und [...] mir den Gedanken eingegeben, ich könnte ihre laute Stimme werden und diesen Klang menschlich klingen lassen. Aber bei den Menschen habe ich völlig danebengetroffen. [...] Ich war mir so sicher, daß einer den anderen umbringen würde. [...] daß es passieren würde. Daß die Vergangenheit eine zu oft gespielte Schallplatte ist, die keine andere Wahl hat, als sich am Sprung zu wiederholen [...] sie sind einfach über mich hinweggetanzt [...], damit beschäftigt, originell zu sein, schwierig, wechselhaft – eben menschlich [...], während ich [...] glaubte, mein Standpunkt, mein Blickwinkel wäre der einzig existierende oder bedeutsame.* (J, S. 239 f.)

Was bezweckt Toni Morrison mit diesem Erzähler-Ich, das nicht nur *unzuverlässig*, sondern auch *neugierig, einfallsreich und gut informiert* (J, S. 178, 153) ist?

Laut Toni Morrison steht es für das Buch, das sich selber schreibt. Es redet, überlegt und phantasiert. Es imaginiert sich und die Geschichte und sieht sich dabei zu. Es ist auch gewillt, Fehler zu riskieren und diese zuzugeben. Daraus ergibt sich der von der Autorin intendierte Anschein des Improvisierten, was wiederum die Analogie zur Jazzmusik herstellt, obwohl das Ganze streng komponiert ist.[55]

Umschlag der deutschen Erstausgabe von «Jazz», 1993

Während die Erzählstimme (wie das anführende Instrument eines Jazzensembles) zeitweise verschwindet, um sich dann wieder auf ihre sehr persönliche Weise einzumischen, lässt sie die anderen Stimmen zu Wort kommen. Diese vermitteln nicht nur einen anderen Blickpunkt und eigene Einsichten, sie treffen auch Entscheidungen, die nicht mit den erdachten der Erzählerin übereinstimmen. Indem sie ihren Figuren diese Freiheit lässt, ermöglicht sie ihnen, neue Wege zu gehen und den Ausgang der Erzählung zu verändern.

Die Musik dient aber nicht nur als Strukturprinzip, sondern wird zugleich Teil der Handlung. Eben weil sie so allgegenwärtig ist, kann kaum jemand sich ihrem Sog entziehen. *Bettelnd und for-*

dernd durchströmt sie die Stadt und ruft die verschiedensten Gefühle hervor: Liebe, Angst, Abenteuerlust, Trauer, Hass, Rache. Von den älteren Leuten wird sie zumeist als übel, niedrig und gemein empfunden: *[...] die Musik wurde mit jeder Saison, die der Herr vor seiner Offenbarung verstreichen ließ, übler. Lieder, die früher im Kopf angefangen und das Herz erfüllt hatten, waren jetzt tiefer und tiefer gerutscht, unter Schärpe und Schnallengürtel.* (J, S. 66) Doch ist diese üble Musik auf komplizierte Weise mit den Trommeln des Protestes gegen die Rassenkrawalle in East St. Louis im Juli 1917 verbunden. Das gilt besonders für Alice Manfred, deren Schwester und Schwager, die Eltern von Dorcas, dabei auf das Grausamste umkamen. *Alice glaubte, die gemeine Musik [...] hätte etwas mit den schweigenden schwarzen Frauen und Männern zu tun, die die Fifth Avenue hinuntermarschierten, um ihrer Wut über zweihundert Tote in East St. Louis Ausdruck zu verleihen.* (J, S. 66 f.) Die Trommeln beruhigen Alice und nehmen ihr ihre Angst; die zügellose Jazzmusik jedoch hat die entgegengesetzte Wirkung, denn sie weckt in ihr die Sehnsucht nach Liebe, für die es zu spät ist. Der schwer ergründbare Zorn der Trommeln und die Dreistigkeit der schamlosen Musik sind beide Ausdruck eines neuen Freiheitsanspruchs.

Dorcas, ein Kind der Schrecken von East St. Louis, macht keinen Unterschied zwischen den Trommeln und der verführerischen Musik. Sie weiß nur zu gut, *wie wenig und schnell vorbei dieses winzige Leben ist.* (J, S. 127) Deshalb wohl hat sie sich die Erinnerung zum größten Teil versagt, bis auf die Wäscheklammerpuppen, deren Tod in der hölzernen Zigarrenschachtel sie sich in allen Einzelheiten ausmalt. Von klein auf klammert sie sich an das Versprechen, das sie der Musik zu entnehmen glaubt und eines Tages einlösen wird, nämlich, *daß es keinen Ort auf der Welt gab, wo nicht irgend jemand ganz in der Nähe an seinem Zuckerstengel leckte, die Tasten kitzelte, die Trommel schlug oder ins Horn blies, während eine wissende Frau «ain't nobody going to keep me down you got the right key baby but the wrong keyhole you got to get it bring it and put it right here, or else» sang.* (J, S. 71) Die Sechzehnjährige dann, überzeugt davon, dass ihr junger Körper das Einzige ist, *was sie besitzt* und deshalb *das Leben unter der Gürtellinie für das einzig Wahre* hält (J, S. 78, 71), macht Musik, Tanz und Sex zu ihrem ausschließlichen Lebensziel. Nur der Gedanke, dass dann alles sehr rasch gehen würde wie bei den Puppen, verweist auf das verdrängte Trauma. Und einzig Joe weiß, wie hilfsbedürftig die hedonistische Dorcas gewesen ist.

Auch Joe und Violet haben sich von der Musik verführen lassen, als sie zwanzig Jahre zuvor *tanzend in den Rachen der Stadt fuhren*. (J, S. 40) Wie eine weitere Million schwarzer Menschen, ebenfalls vom Lande und ebenfalls Gewalt und Entbehrung hinter sich lassend, vergessen sie schnell, was einmal wichtig war. *Sie sind gar nicht so sehr neue Menschen als vielmehr sie selbst: ihr stärkeres, waghalsigeres Selbst. Und [sie] lieben diesen Teil von sich so sehr, daß sie vergessen, wie es war, andere Menschen zu lieben [...].* (J, S. 42) Unmerklich hat das auf Äußerlichkeiten und vorgetäuschtes Glück gerichtete Stadtleben das Ehepaar verändert, sie voneinander entfremdet, bis sie stumm nebeneinander herleben. Violet spricht nur noch mit ihren Vögeln und schläft mit einer Puppe neben sich, die das nie gehabte Kind ersetzen soll, während der an Einsamkeit leidende Joe sich eine Achtzehnjährige zur Geliebten nimmt, die seine Tochter hätte sein können.

Violet, zutiefst beunruhigt über ihre und Joes Entgleisungen, fängt als Erste an, Fragen zu stellen. Doch machen sich schließlich beide die Beschäftigung mit ihrer Vorgeschichte zur Aufgabe. Joe tut dies, indem er Monat für Monat weinend über alles nachdenkt, in einer Art selbst verordneter Haft, denn die Leute hatten ihn nicht der Polizei übergeben. Violet hingegen eilt umher, bestürmt alle möglichen Leute mit ihren Fragen, sitzt überlegend in billigen Restaurants. Mit Hilfe von Gesprächen, besonders mit Alice, und Selbstgesprächen wird ihr bewusst, dass sie seit einiger Zeit aus zwei verschiedenen Violets besteht. Wenn sie durch die Augen der einen sieht, erkennt sie sich als eine tüchtige und selbstbewusste Frau, die genau weiß, was sie will, die in Virginia *Heu lud und mit einem Vierergespann Maultiere fertig wurde [...], Joe Spur treffen musste um jeden Preis [...], meinen Joe Spur aus Virginia, der ein Licht in sich trug [...].* (J, S. 108 f.) Der anderen Violet, die jahrelang die Haare anderer Frauen richtete, hat die Stadt die Kraft in Rücken und Armen genommen, auf die sie so stolz gewesen war, ebenso wie das Gefühl der Scham und das Entsetzen über ihre Tat.

Ihre Überlegungen führen sie zurück in eine Kindheit voller Armut und Entbehrungen. Der Vater, ein *Schattenvater,* tauchte nur ab und zu unerwartet und märchenhaft auf. Heimlich und unter waghalsigen Umständen musste er sich auf seinen eigenen Grund und Boden stehlen, weil er der «Readjuster»-Partei angehörte, einer Partei, die sich für das Wahlrecht und die politische Mitbeteiligung der Schwarzen einsetzte. Politisch aktiv und Familienvater zu sein, war aber einem schwarzen Mann in Virginia nicht erlaubt. Eines Tages wird er in seiner Abwesenheit enteignet; weiße Männer kommen und nehmen alles weg – zuerst das Land, den Pflug, die Sichel, das Maultier, die Sau, das Butterfass und die Butterpresse, schließlich auch Tisch und Stühle, Töpfe, Laken und Geschirr. Dabei erinnert Violet sich ihrer Mutter, wie sie apathisch alles geschehen ließ, sodass die Männer sie sogar aus dem Stuhl kippen mussten, auf

Die «Readjuster»-Partei
Der Name geht auf die Bemühungen zurück, wenigstens einen teilweisen Erlass der Staatsschulden, mit denen Virginia vor dem Bürgerkrieg den Bau von Eisenbahnen, Kanälen und anderen öffentlichen Projekten finanziert hatte, zu bewirken. Die Konservativen wollten diese mit Geldern aus dem Bildungsbudget bezahlen. Um dies zu verhindern, bildeten die Readjuster eine Koalition weißer Kleinbauern und schwarzer Exsklaven, deren Interessen (niedrige Steuern und ein staatlich finanziertes Schulsystem) zusammenfielen. Von 1879 bis 1883 war die Partei, die die politische Integration der Schwarzen Virginias förderte, äußerst erfolgreich. Der Gouverneur von Virginia, die beiden US-Senatoren und die Mehrzahl der US-Kongressabgeordneten von Virginia gehörten der Readjuster Party an. Gewalt und Schwindel von Seiten der weißen Konservativen bereiteten dieser viel versprechenden politischen Richtung ein Ende.

dem sie saß. Die Frage, was wohl den Lebenswillen dieser Frau endgültig gebrochen und vier Jahre später zu ihrem Selbstmord geführt hat, kann sie nicht beantworten. Doch wird ihr klar, dass sie unter keinen Umständen wie die Mutter sein will. (J, S. 114) Sie nimmt sich stattdessen die noch als Sklavin geborene, tüchtige Großmutter zum Vorbild – deren Lebensmaxime es war, auch noch in der kritischsten Lage lachen zu können, denn Lachen sei ernster und schwieriger und stärke die Widerstandskraft – und hält sich an Alice' Ratschlag, dass sie sich um das kümmern solle, was ihr blieb. *«Kämpfen? Wogegen? Gegen wen? Ein mißhandeltes Kind, das zusehen mußte, wie seine Eltern verbrannten? [...] Oder willst du vielleicht eine niedertrampeln, die drei Kinder und nur ein Paar Schuhe hat. Eine in einem zerlumpten Kleid, von dem der Saum in den Schmutz hängt. Eine, die sich nach Armen sehnt so wie du [...]. Sagt doch keiner, du sollst es hinnehmen. Ich sag nur, pack es an, pack es an.*» (J, S. 127 f.) Es ist Frühling, als Violet Eifersucht, Hass und Rachedurst beiseite legen und sich von falschen Wertvorstellungen, vor allem der Sehnsucht nach Golden Gray, dem blonden Jungen, befreien kann, die die Erzählungen der Großmutter in ihr geweckt hatten. Nur so kann sie ihre Authenzität zurückerlangen. Sie wendet sich wieder Joe zu und wird Felice zum Vorbild. Ihr gibt sie ihre mühsam gewonnenen Einsichten weiter, dass der persönliche Einsatz zählt und dass man sich von der Welt nicht bestimmen lassen soll, sondern sie ein wenig so macht, wie man sie möchte, *daß sie ein bißchen mehr ist als die Wirklichkeit.* (J, S. 227)

Auch Joe überdenkt an kalten Wintertagen und -nächten seine Tat und seine Kindheit und Jugend. Er sieht sein Leben als eine Reihe von Verwandlungen, die er durchgemacht hat, um als Mensch und Farbiger durch- und sogar vorwärts zu kommen. Die letzte jedoch, in den Liebhaber von Dorcas, endet tragisch: *Ich hab mich einmal zu oft verwandelt. Einmal zu oft erneuert.* (J, S. 145) Diesmal, so erkennt er, war er, im Gegensatz zu allen anderen Erneuerungen, nicht er selber geblieben. Seine Liebe zu Dorcas ist aufs Engste mit seiner vergeblichen Suche nach der wilden Frau, die vermutlich seine Mutter ist, verbunden. Die fehlende Mütterlichkeit hat eine innere Leere in ihm hinterlassen, die Dorcas zu füllen hilft, weil auch sie diese Leere kennt, und er tut dasselbe für sie. Bei Joes Liebe spielen aber noch andere Bedürfnisse mit, Bedürfnisse, die nur in der Stadt entstehen können. Die Stadt gibt ihm das Gefühl, frei zu sein, nicht umfassend, politisch oder existenziell frei, *aber frei, etwas Wildes zu tun.* (J, S. 134) Und so hat er sich nach langen Jahren der Treue das Mädchen Dorcas *zum Lieben ausgesucht.* Er gibt sich den Risiken hin, die ein solches Abenteuer in sich birgt, dem Risiko einer nie geahnten Liebe und Sinnlichkeit, der übermächtigen Gefühle und der Gefahr, alles wieder zu verlieren.

Dabei vergisst er eine von zwei Lektionen, die ihm sein Ersatzvater, der *Jäger aller Jäger*, beigebracht hat, als er zum Mann erzogen wurde: *tötet nie Schwaches und Weibliches, wenn ihr's vermeiden könnt.* (J, S. 194) Das Wissen eines naturnahen Menschen, dem sich Joe nachbildete und der er selber war, ist ihm in der Stadt abhanden gekommen. Zwar hat er diese Lehre schon einmal nicht beachtet, als er, besessen von der Idee, seine Mutter zu finden, ihrer

Fährte folgte und ins Gebüsch schoss, wo er sie vermutete. Damals war das Gewehr aber nicht geladen wie später in der Stadt, als die Fährte ihn endlich in die Wohnung führt, wo er Dorcas mit einem jungen Mann tanzen sieht. Er hat sie getötet, obwohl er *nie im Leben ein bedürftigeres Wesen gesehen* hat, aus Angst, nicht so sehr sie als die Gefühle zu verlieren, die sie in ihm geweckt hatte. (J, S. 232)

Joe und Violets Geschichten sind lang und umständlich; sie werden stückweise von ihnen in die Erinnerung zurückgerufen. Deshalb ist die Analogie zur Musik nicht so deutlich, auch wenn man ihre Reminiszenzen als längere jazzartige Improvisationen sehen kann, während denen sie ihrer Vorgeschichte nachgehen und zu einem neuen, authentischen Selbstverständnis gelangen, zusammengefügt aus altem und neuem Wissen. Deutlich wird der Einfluss der Musik bei Joe, als er während seiner Jagd auf Dorcas durch die *schlüpfrige Musik* verunsichert wird: *Die kann so was mit einem machen, diese bestimmte Art, Gitarre zu spielen. Nicht wie die Klarinetten, aber fast so. Wenn das Lied von einer Klarinette gekommen wär, hätt ich es gleich gewußt. Aber die Gitarren – die haben mich irre gemacht, haben mich an mir zweifeln lassen, und da hab ich die Fährte verloren.* (J, S. 148) Der Blues, denn um einen solchen handelt es sich hier, der seinen Ursprung im Süden hatte, wird von den nordwärts wandernden Menschen in die Stadt gebracht und verändert. Er wird nun von Klarinetten gespielt, deren Bedeutung Joe nach all den Jahren sofort verstanden hätte. Indem aber die Gitarren sich den Klarinettenstil zu Eigen gemacht haben, sind sie zweideutig geworden und bewirken, dass Joe die Verfolgung, das Böse, die kopflosen und unbotmäßigen Dinge, zu denen die Musik der Stadt auffordert, vorübergehend aufgibt. (J, S. 79, 68) Die Veränderungen des frühen ländlichen in den städtischen Blues und schließlich in Jazz zeigen die parallele Entwicklung an, die auch die in die Stadt gewanderten Menschen durchmachen. Joe und Violet sind nach vielen Jahren der Selbstentfremdung authentische und dem Leben in der Stadt gewachsene Menschen geworden.

Die Geschichte von Joe und Violet endet mit Musik und Tanz und einer neuen, reifen Liebe zueinander. Von ihnen lernt auch Felice, die die Okeh-Schallplatten, die ersten von Schwarzen gespielten Blues- und Jazz-Aufnahmen, mit in die Wohnung bringt. Wenn sich zuletzt die Erzählerstimme noch einmal meldet, so tut sie dies nicht, um den Roman zu einem schwungvollen Ende zu bringen. Im Gegenteil, sie ist bescheiden geworden, verweilt ein wenig bei ihren Figuren, die für sie wirklich sind, denn sie haben ihr Leben auf eine Art aufbauen können, die ihr nicht einmal im Traum eingefallen wäre. Sie geht sogar noch weiter und übergibt die Freiheit und den Wunsch, Neues zu schaffen, nicht nur ihren Figuren, sondern auch einem Du, dem Leser. Diese Geste lädt, wie immer bei Toni Morrison, ihre Leser zur aktiven Mitarbeit ein.

Jazz erschien 1992, im gleichen Jahr wie der literaturtheoretische Essayband *Im Dunkeln spielen. Weiße Kultur und literarische Imagination.* Die Beschäftigung mit diesem Thema gehört zu Morrisons Bemühungen, *Wege zu finden, um die Sprache von ihrer manchmal unheimlichen, oft trägen und fast immer voraussagbaren Verwendung von rassisch geprägten und festgelegten Ketten zu befreien.* (D, S. 14) Ausgehend von ihrer eigenen Situation als afroamerikanische Schriftstellerin, untersucht sie, wie sich in Werken anderer, weißer Autoren gesellschaftlich geprägte Rassenvorurteile und stereotype Bilder von Schwarzen wiederfinden.

Die Essays drängen darauf, die (vornehmlich weiße und männliche) kanonische amerikanische Literatur unter erweitertem Blickwinkel neu zu betrachten. Bisher hatte die Literaturkritik diese immer als frei, als unberührt von der vierhundert Jahre alten Gegenwart schwarzer Menschen interpretiert. Eine schwarze Präsenz oder Persona, für die Morrison die Begriffe «afrikanistisch» oder «amerikanischer Afrikanismus» verwendet, lässt sich jedoch auf ganz verschiedenen

Umschlag der deutschen Erstausgabe von «Im Dunkeln spielen», 1994

Ebenen nachweisen. Schwarze Figuren sind in der weißen Literatur kaum jemals als Individuen an der Handlung beteiligt, sondern werden instrumentalisiert. Ihre Anwesenheit dient fast ausschließlich dazu, den literarischen Text symbolisch, metaphorisch und mythisch anzureichern.

Jeder der drei Essays spielt eine Variation der Frage durch, wie diese schwarze Präsenz die Entwicklung der amerikanischen Literatur beeinflusst oder gar geformt hat. Wann und wie war die Literatur mit beteiligt an der Erschaffung rassistischer Denkmuster, und wann und wie hat sie diese unterminiert? Ebenso wichtig ist die Erwägung, wie die afrikanistische Präsenz – in Gestalt, Schilderung oder Sprache – einen Text in Bewegung bringen und verunsichern konnte, und was dies für die schriftstellerische Vorstellungskraft bedeutet. Morrison untersucht auf eine sehr präzise Weise, wie diese Imagination funktioniert. Dabei kommt sie zu dem Ergebnis, dass weiße Autoren – Willa Cather, Edgar Allan Poe, Henry James, William Faulkner, Ernest Hemingway, Gertrude Stein und viele mehr – ihr Schreiben nie an schwarze Leser richten und ihre Darstellungsabsicht, auch wenn schwarze Figuren Teil der Handlung sind, nicht bei diesen liegt. Die afrikanistische Präsenz diene dazu, die weiße Identität definieren zu helfen. Die Konstruktion einer afrikanistischen Persona *ist das Vehikel, durch das sich das amerikanische Ich als nicht versklavt, sondern frei erfährt,* *als nicht abstoßend, sondern begehrenswert, nicht hilflos, sondern privilegiert und mächtig, nicht geschichtslos, sondern geschichtlich, nicht verdammt, sondern unschuldig, nicht ein blinder Zufall der Evolution, sondern fortschrittliche Erfüllung eines Schicksals.* (D, S. 80) Damit werden die Afroamerikaner in den Werken der großen amerikanischen Literatur zu Repräsentanten des Anderen, Abstoßenden, Hilflosen, Geschichtslosen – und als solche zum Gegenbild der freien weißen privilegierten Amerikaner.

> Die Imagination, die Werke hervorbringt, die ein Wiederlesen vertragen oder sogar dazu einladen, die nicht nur zu gegenwärtigen Leseerlebnissen auffordert, sondern auch zu zukünftigen, setzt eine mitteilbare Welt voraus und eine unendlich flexible Sprache. Lesende und Schreibende bemühen sich gleichermaßen um die Interpretation und Vorführung von mitteilbaren Vorstellungswelten innerhalb einer gemeinsamen Sprache.
>
> Toni Morrison, «Im Dunkeln spielen» (1994)

Diese Überlegungen führen Toni Morrison zu den Fragestellungen ihres nächsten Romans, *Paradies*, in dem sie die Rassenfrage zum ersten Mal direkt anspricht und zugleich versucht, dieses in einem Strang der Erzählung ohne die üblich verwendeten sprachlichen Verweise auf die ethnische oder rassische Zugehörigkeit darzustellen.

Paradies erschien 1998. Es war das erste Buch nach der Nobelpreisverleihung, fast zwangsläufig von höchsten Erwartungen begleitet, und Toni Morrison war froh, dass sie 1993 den dritten Teil ihrer Trilogie schon in Arbeit hatte. *Paradies* hat seine Leser und Kritiker nicht enttäuscht. Der Roman ist von einer intellektuellen und künstlerischen Kühnheit, die ihn zum wohl anspruchsvollsten ihrer Werke macht. Er setzt sich mit der Frage auseinander, warum Utopie, ein ewig währender paradiesischer Zustand, immer auf Auserwähltheit und deshalb auf Ausgrenzung und Abtrennung gründet. Die Erörterung dieser universellen Frage basiert auf einem konkreten historischen Hintergrund, der wichtige Aspekte der afroamerikanischen Geschichte vom Ende des 19. Jahrhunderts bis in die 1970er Jahre erschließt: die wenig bekannten Wanderungen der weiterhin geknechteten Afroamerikaner nach dem noch offenen Westen und die Gründung schwarzer Städte; der Hautfarbenkodex unter den Afroamerikanern als Spiegelung des weißen Rassismus; der als Riss durch die ganze afroamerikanische Geschichte gehende Zwiespalt zwischen Anpassung und kompromissloser Forderung nach Gleichheit; die Erfahrungen der Schwarzen im Zweiten Weltkrieg und im Vietnamkrieg; die Bürgerrechtsbewegung; der Tod Martin Luther Kings; schließlich die sexuelle Befreiung der siebziger Jahre, die die ganze junge Generation erfasste. Dem Leser begegnen viele Figuren, deren Schicksal durch Rückblenden und vielfältige Perspektiven beleuchtet wird, und ihm

Schreiben ohne rassische Indizien: In «Paradies», wie schon in der Erzählung «Recitatif» (1983), versucht Morrison bewusst, die Frauen so darzustellen, dass man alles über sie weiß außer der rassischen Herkunft. Damit will sie zeigen, wie trivial dieses kleine Stück Auskunft für die Aussage über einen Menschen ist. Während im Kloster die Hautfarbe keine Rolle spielt, führt die gegensätzliche Einstellung in Ruby, wo das ausschlaggebende Kriterium eine pechschwarze Haut ist, zur Katastrophe.

kommt die Aufgabe zu, diese zusammenzusetzen und ihren Sinn zu erschließen.

Toni Morrisons Vorliebe für offene Romanschlüsse ist hier besonders deutlich und eigentlich schon durch die Fragestellung vorgegeben. Es geht um die Erforschung der utopischen Idee an zwei spezifischen Beispielen – der Stadt Ruby und dem Kloster – und nicht um Vorschläge möglicher Lösungen. Nur das Schlussbild des einlaufenden Schiffes, dessen Passagiere und Matrosen in großer Not gewesen waren, jetzt aber an Land die endlose Arbeit aufnehmen werden – *die zu leisten sie hierher gesandt wurden, herunter ins Paradies* (P, S. 495), lässt die Deutung zu, dass es sich um keine transzendentale Utopie handelt, sondern um die Verwirklichung eines diesseitigen menschenwürdigen Zusammenlebens.

Die fiktive schwarze Siedlung Ruby in Oklahoma steht für das vermeintliche Paradies. Die Sehnsucht nach unbedrohtem Glück, nach Sicherheit, Freiheit und Selbstbestimmung ist eng mit der Geschichte seiner Einwohner verbunden. Der Ursprung der Siedlung reicht zurück ins späte 19. Jahrhundert. Damals zogen neun afroamerikanische Familien westwärts, um in Oklahoma eine selbständige Gemeinde aufzubauen. Sie hofften, Diskriminierung, Gewalt und Erniedrigungen für immer zu entkommen und ihr Schicksal unabhängig von weißer Bevormundung selbst bestimmen zu können. Der Traum war auf Verletzungen gegründet, die nicht nur von einer feindlichen weißen Welt, sondern auch von helleren Schwarzen verursacht wurden, die sich weigerten, die sehr dunkelhäutigen Wanderer in ihre Gemeinde aufzunehmen. Diese Verstoßung war für das Grüppchen

Schwarze Siedlungen
Die Existenz schwarzer Städte und Dörfer ist ein einzigartiger und wenig bekannter Aspekt der amerikanischen Geschichte. In Oklahoma gründeten die vor allem aus dem tiefen Süden kommenden Afroamerikaner zwischen 1865 und 1920 über fünfzig solche Siedlungen, von denen einige bis heute bestehen. Es entstanden erfolgreiche Agrargemeinschaften, die, unabhängig von Weißen, ihre eigenen Schulen, Kirchen und Unternehmen einschließlich Zeitungen hatten. Oklahoma wurde für viele Afroamerikaner eine Art Gelobtes Land. Mit der Weltwirtschaftskrise jedoch ging der Wohlstand dieser Gemeinden zu Ende, die weniger als andere eine Chance auf Kredit hatten, der ihnen über die schwierigen Zeiten hätte hinweghelfen können. Den arbeitslosen Menschen blieb keine andere Wahl, als ihre Siedlungen zu verlassen und in den Norden in die Städte und Industriegebiete zu ziehen.

Heimatloser so ungeheuerlich, dass ihre ganze weitere Geschichte aus den Verzweigungen dieser Demütigung erwächst. Zuerst in Haven und später in Ruby etablieren sie eine tiefreligiöse, patriarchalische Gemeinde, die ihren «Makel» zur Tugend macht und alle, deren Haut heller ist, ausgrenzt. Statt rassischer Solidarität regiert die Idee rassischer Reinheit, die sie von der Außenwelt isoliert. Doch erweist sich diese Einstellung auf die Dauer als nicht haltbar und das Ideal als höchst fragwürdig. In den 1970er Jahren, der Zeit der eigentlichen Romanhandlung, befindet sich Ruby, trotz zunehmenden Wohlstands, in einer tiefen Krise. In den Familien gibt es Fehlgeburten, Kinderlosigkeit, Abtreibungen, kranke und behinderte Kinder, gefallene Söhne (weil die Schlachtfelder in Vietnam für sicherer gelten als jeder andere Ort im Land außer Ruby); die Frauen, von denen manche die Probleme genau sehen, haben kein Recht auf Mitsprache, und auch die Verständigung zwischen den Eheleuten wird zunehmend schwieriger; die Jugend rebelliert, und einige Männer werden zu Mördern.

Der von außen kommende, progressive und politisch engagierte Pfarrer Misner fasst die Situation wie folgt zusammen: *Wie wunderbar menschlich war die Sehnsucht nach unbedrohtem Glück, und wie eng wurde menschliches Wollen, wenn es darum ging, sie zu verwirklichen [...]. Wie können [die Bewohner von Ruby] es nur zusammenhalten [...], dieses schwer erkämpfte Himmelreich, das sich nur durch die Aussperrung der nicht Erwählten, der Unwürdigen, der Fremdartigen definiert? Wer wird sie vor ihren Führern schützen?* (P, S. 477) Die Führer sind die jetzt wohlhabenden Gründer Rubys, deren Denken sich ausschließlich an der Vergangenheit orientiert, deren Ziele sich aber immer mehr auf Geld, Besitz und Macht richten. Das alte rechtschaffene Haven, das sie in Ruby wieder aufbauen wollten, war eine auf Gegenseitigkeit und Zusammengehörigkeit gegründete Siedlung gewesen, deren Sinnbild der gemeinschaftliche Ofen war. In Ruby, wohin er mit viel Mühe transportiert und wieder aufgerichtet wurde, hat er jedoch Zweck und Bedeutung verloren. Die ältere Generation erhebt ihn zum Götzen, da es ihr nicht mehr um gegenseitige Hilfe, sondern vor allem um ihre Geschäfte und Kapitalanlagen geht, während er der Jugend nur mehr als Treffpunkt dient. Der Konflikt zwischen den Generationen zeigt sich am Streit über seine Inschrift. Die ursprünglichen Worte veranschaulichen die moralistische und defensive Haltung der ersten Gründer: «*Wehret der Furche auf Seiner Stirn.*» (P, S. 143) Für die von der Bürgerrechtsbewegung und Martin Luther King kämpferisch inspirierte Jugend hingegen sollte die Losung lauten: «*Werdet die Furche auf Seiner Stirn.*» (P, S. 143) Und schließlich deutet die nach der Katastrophe, dem Überfall auf die Frauen im Kloster, abermals veränderte Aufschrift «*Wir sind die Furche auf Seiner Stirn*» (P, S. 464) auf die Möglichkeit hin, dass es in Ruby genug einsichtige Menschen gibt, die erkennen, dass sie sich nicht länger von der Außenwelt absondern können.

Ruby ist zwar neunzig Meilen vom nächsten Ort entfernt, in seiner Nähe befindet sich jedoch ein ehemaliges Kloster, das ebenfalls zu einem Zufluchtsort wird, denn dort finden sich im Laufe von acht Jahren fünf gescheiterte und misshandelte Frauen ein. Nach ihnen – Mavis, Grace (Gigi), Seneca, Divine (Pallas), Consolata – sind fünf der neun Kapitel benannt. (Die anderen sind mit Namen von Frauen aus Ruby überschrieben, von denen jede aus einem anderen Grund nicht ganz dazu gehört: Ruby, eine jung

Martin Luther King während seiner «I have a dream»-Ansprache, Washington, D.C., 1963

verstorbene Frau, nach der der Ort benannt ist; Patricia, eine Hellhäutige, die mit ihrem Außenseiterblick eine Chronik der Siedlung zu schreiben versucht; Lone, die Hebamme, der die Schuld an den Behinderungen der Kinder zugeschoben wird, und Rette-Marie, eines dieser behinderten Kinder, mit dessen Todesfeier das Buch schließt.) Der Gegensatz zwischen der Sterilität des standesbewussten, isolationistischen und patriarchalisch autoritären schwarzen Ruby und dem anarchischen, auf keiner Ordnung bestehenden Leben im Kloster, wo keine Fragen gestellt werden und auch die Hautfarbe keine Rolle spielt, wo alle Aufnahme und Hilfe finden, könnte nicht größer sein.

Doch gibt es Verbindungen zwischen Ruby und dem Kloster. Die im Kloster hergestellten Marmeladen, Soßen, Kräuterpräparate ebenso wie die überaus scharfen Pfefferschoten sind gefragt. Zudem suchen Frauen aus Ruby in ihrer Bedrängnis das Kloster auf. Eine Zeit lang verbindet Deacon Morgans leidenschaftliche, außereheliche Liebe zu Consolata ihn mit dem Kloster. Die fünf Frauen und ihre Lebensweise dienen aber kaum als alternatives Vorbild. Im Gegenteil, sie zeichnen sich alle durch ihre Unfähigkeit aus, das Leben zu meistern. Gegen Mavis ist sogar ein Haftbefehl ausgestellt, da sie den Tod ihrer Zwillinge verschuldet haben soll. Consolata, die ursprüngliche Bewohnerin und Gehilfin der Nonnen, wird nach dem Tod der Mutter Oberin zur Alkoholikerin. Gigi und Mavis sind in dauerndem Streit verwickelt, der einmal sogar in eine Rauferei ausartet. Seneca und Pallas, beide auf ihre Art vernachlässigt und beide vergewaltigt, sind mit ihren seelischen Schäden beschäftigt.

Auch im Kloster besteht die – unerfüllbare – Hoffnung auf ein Paradies auf Erden, obwohl es ganz anderen Vorstellungen entspringt als das der Männer von Ruby. Consolatas inständige Frage an die verstorbene Mutter Oberin, warum denn die von ihr prophezeiten Versprechen nicht in Erfüllung gingen, drückt diesen Wunsch aus und zeigt, wie bescheiden ihre Erwartungen – kleine Belohnungen für ein Leben voller Entsagungen und Dienstfertigkeit – sind: «*Aber sag mir: Wo sind die Tage der Ruhe, die Pfade im Thymian, die Düfte des Ehrenpreis, die du mir versprochen hast? Wo sind Milch und Honig, die ich deiner Meinung nach verdient hatte? Wo ist das Glück, das wohlgetane Arbeit spendet, der Seelenfrieden der er-*

füllten Pflicht, der Segen guter Taten? War denn so schlimm, was ich aus Liebe zu dir getan habe?» (P, S. 390) Alt, besitzlos und seit dem Tod der Mutter Oberin ohne jede zivile Legitimität, weiß sie sich heimatlos wie damals, als sie von ebendieser Nonne auf der Straße einer südamerikanischen Stadt aufgelesen und über die Grenze ins Kloster geschmuggelt wurde, weiß auch, dass sie verlassen sterben und unbeweint in ungeweihter Erde liegen würde. Das Schlimme bezieht sich nach Consolatas Meinung auf ihre verzweifelten Bemühungen, den Tod der Mutter mit den ihr eigenen magischen Kräften eine Zeit lang hinauszuschieben. Als gläubige Katholikin fühlt sie sich sündig und möchte Vergebung. Schließlich aber rafft sie sich noch einmal auf und wird zur spirituellen Führerin der gestrandeten Frauen. Keine von ihnen wagt auch nur, sich einen glücklichen Zustand vorzustellen. Zu nah sind die verschiedenen «Höllen», denen sie entkommen waren. Consolata beurteilt sie jedoch mit kritischem Blick: *[...] gebrochene Mädchen, verängstigte Mädchen, schwach und voller Lügen. [...] Statt der Pläne hatten sie Träume – törichte Kleinmädchenträume.* (P, S. 344 f.) Auch sind diese Frauen kaum voneinander zu unterscheiden, *denn im Tonfall jeder Stimme klang die gleiche Geschichte durch: Sorglosigkeit, Selbsttäuschung und [...] Sichtreibenlassen.* (P, S. 344) Somit stellt Consolata sie vor die Alternative, entweder dahin zu gehen, wo sie sein sollten oder von jemandem erwartet werden, oder ihr in den Keller zu folgen. Keine der Frauen geht weg, vielmehr unterziehen sie sich alle einem schwierigen rituellen Heilungsprozess, der auf schmerzvollen Einsichten in die eigene Lebensgeschichte und die der anderen aufbaut. Im Laufe einiger Monate verändern sich die Frauen unter der Leitung von Consolata, die wie eine neue und ebenfalls veränderte Ehrwürdige Mutter für sie sorgt. Nicht dass sie jetzt zu großartigen Leistungen bereit wären. Aber sie vermitteln dem Besucher den Eindruck von erwachsenen Frauen, die im *Gegensatz zu so manchem Bewohner von Ruby [...] mit sich selbst im reinen [sind].* (P, S. 413 f.)

Den führenden Männern von Ruby aber waren diese Frauen von Anfang an verdächtig, denn auch für sie gilt die alte und in Ehren gehaltene Vorstellung von der Frau als Störerin der patriarchalischen Ordnung. Deshalb machen sie die Frauen für ihre eigenen Schwierigkeiten verantwortlich und beschließen ihren Untergang. Damit aber werden sie zu dem, was ihre Vorväter *verflucht* hatten: zu Menschen, die sich anmaßen, *jene zu richten, zu vertreiben und sogar zu vernichten, die bedürftig waren; schutzlos; anders.* (P, S. 470) Obwohl die Morde zunächst keine Folgen haben (da es keine Leichen gibt), haben sie doch das Leben der Gemeinschaft in seinen Grundfesten erschüttert. Wiederum ist es Pfarrer Misner, der das vernichtende Fazit aus den Taten dieser Männer zieht: *Sie hatten letzten Endes alles verraten. Sie glauben, den weißen Mann mit seinen eigenen Waffen zu schlagen, während sie ihn in Wahrheit nur nachahmen. Sie glauben, ihre Frauen und Kinder zu schützen, während sie sie in Wahrheit verkrüppeln. [...] Aus einem alten Haß geboren, einem Haß, der begann, als ein Schwarzer einem Schwarzen von anderer Schattierung seine Verachtung zeigte und dieser andere den Haß auf eine neue Ebene hob, hatte ihr Egoismus zwei Jahrhunderte von Leiden und Triumph in einem Augenblick entwertet, der so grandios und falsch und roh war, daß einem die Seele gefror. Von den Geboten nicht geleitet, vom Donner seiner eigenen Vergangenheit betäubt, war Ruby ein Fehlschlag, der [...] vermeidbar gewesen wäre.* (P, S. 476 f.)

Die Fehlentwicklung Rubys zeigt, dass die Gefahr des Scheiterns umso größer ist, je unbedingter und absoluter die Forderungen nach einem utopischen Zustand gestellt werden. Den Frauen im Kloster, deren Wünsche und Ziele bescheidener und unbestimmter sind, gelingt die Verwirklichung besser. Wie so oft bei Morrison endet auch dieser Roman mit einer Coda, dem Blick auf mögliche Veränderungen. Die Frauen, jede einzeln, werden in Begegnungen mit ihren Vätern, Müttern, Kindern, Freundinnen gesichtet, gehen dann aber ihre eigenen Wege. Es sind zwiespältige Visionen von Harmonie und einer neuen kämpferischen Haltung. Einige sind bewaffnet oder in Militärkleidung; alle tragen ihre Haare ganz kurz geschnitten, und alle scheinen etwas vorzuhaben – außer Consolata. Sie ruht am Strand, ihren Kopf im Schoß einer sehr dunkelhäutigen Frau, Piedade, die ihr ein tröstliches Lied singt, dessen Worte von all dem berichten, was Consolata nie gehabt hat, von Zusammenleben, Sicherheit, Freude und Zuhausesein. So wird noch einmal die sehr bescheidene Vorstellung eines Glückszustandes heraufbeschworen, deren Verwirklichung so unsäglich schwer ist.

Eine Geschichte über Eifersucht und Hass: «Liebe»

Im Herbst 2003 brachte Toni Morrison ihren achten und bisher letzten Roman *Love* heraus, der in der deutschen Übertragung unter dem Titel *Liebe* erscheint. Es ist ein schmales, sorgfältig komponiertes und auf den ersten Blick intimes Buch, das, wie der Titel anzeigt, ein monumentales Thema behandelt. Obwohl dieses schon in der Trilogie von zentraler Bedeutung war, scheint es für die Autorin noch immer weitere Fragen aufzuwerfen und wird jetzt anhand von wenigen und eng miteinander verbundenen Figuren erörtert. Doch wie sich das Paradies in ihrem vorangehenden Roman rar machte, so kann auch in diesem die Liebe – die andere und echte, die, wie die Erzählerin L meint, allen zugute kommt – nicht gedeihen. An ihre Stelle treten Eifersucht und Hass mit all ihrer zerstörerischen Macht.

Zeit der Handlung sind die 1990er Jahre. Doch geht im Lauf der Erzählung der Blick viel weiter zurück – in die vierziger Jahre und sogar in die Zeit der Weltwirtschaftkrise. In jenen für die schwarze Bevölkerung besonders harten Jahren erwirbt Bill Cosey, die zentrale Figur des Romans, eine Immobilie von den Weißen und baut sie zum besten und bekanntesten Hotel und Seebad für Farbige an der Ostküste auf. Wohlhabende und elegante Gäste kommen, um zu den berühmten Jazzbands zu tanzen und sich zu amüsieren. In den fünfziger und sechziger Jahren, als die Rassentrennung in den öffentlichen Bereichen aufgehoben wird, geht es jedoch mit dem Hotel bergab. Die ehemalige Kundschaft macht von den neuen Freiheiten Gebrauch, steigt in den Hyatt und Hilton Hotels ab oder brüstet sich mit *Kreuzfahrten auf die Bahamas und nach Ocho Rios*. (L, S. 14) Somit veranschaulicht der Roman die Situation der Schwarzen vor und nach der Bürgerrechtsbewegung und stellt die für sie so tief greifenden historischen Kräfte im 20. Jahrhundert dar. Der institutionalisierte Rassismus beherrscht die Lebensbedingungen der ersten Jahrhunderthälfte, während die erkämpften Veränderungen in Richtung Freiheit und Gleichheit die zweite kennzeichnen.

Dabei geht Morrison einmal der schwierigen Frage nach, inwiefern die allgemein positiv bewerteten Resultate der Integration auch unerwartete negative Folgen nach sich gezogen haben

Die Integration und ihre Folgen

Das Ende der sanktionierten Rassentrennung, das – Ergebnis der Bürgerrechtsbewegung der fünfziger, sechziger und siebziger Jahre – zur rechtlichen Gleichstellung sowie zu wirtschaftlichen und sozialen Fortschritten der afroamerikanischen Bevölkerung führte, brachte auch unerwartete Verluste. Die neuen integrierten Organisationen und Institutionen begannen, mit den alten schwarzen zu konkurrieren. Diese waren als Defensive gegen die täglichen Erniedrigungen der institutionalisierten Rassentrennung etabliert worden. Die schwarzen Schulen, Logen, Frauenverbände, Klubs und andere Verbindungen gründeten auf Gegenseitigkeit und Selbsthilfe. Zusammen mit den Kirchen und einer festen, oft autoritären Familienstruktur sicherten sie die schwarzen Gemeinden in einer ihnen feindlich gesinnten Gesellschaft. Im Gefolge der Integration verloren sie jedoch ihre ehemals lebenswichtige Bedeutung, indem die Kontrolle fast aller Lebensbereiche – von der Schule über den Arbeitsplatz und bis zur Altersversorgung – nun zu den weißen, oft noch immer vom Rassismus geprägten Institutionen überging. Die schwarzen Gemeinden verloren ihr Zusammengehörigkeitsgefühl in einer Zeit, da auch die Familie verfiel und der Einfluss der Kirche erheblich zurückging. Diese Folgen werden u. a. veranschaulicht in: Henry Louis Gates, «Colored People. A Memoir» (1994) und bell hooks, «Bone Black: Memories of Girlhood» (1996).

und welcher Art sie sind. Toni Morrison greift hier eine Frage besonders derjenigen Afroamerikaner auf, die das Ende der schwarzen Institutionen erlebt haben und deren Verlust bedauern, obwohl sie die alten Zeiten des Jim-Crow-Systems auf keinen Fall zurückwünschen. Morrisons Einstellung ist ähnlich differenziert. Mit ihrem neuesten, an Kinder (und Erwachsene) gerichteten Buch, *Remember. The Journey to School Integration* (2004), gedenkt die Autorin liebevoll derjenigen Kinder, die sich fünfzig Jahre zuvor in den Kämpfen um die Schulintegration an der vordersten Front befanden und so tapfer bewährten – stellt sich also eindeutig auf die Seite der bürgerrechtlichen Fortschritte. In *Liebe* thematisiert sie deren Kehrseite. Hier zeigt sich der Abstieg und schließliche Untergang von Bill Coseys einst so glanzvollem Unternehmen als eine Folge der Integration, dient so als Metapher für die grundlegenden Wandlungen im politisch-ökonomischen Leben der schwarzen Bevölkerung.[56] May, die Schwiegertochter von Bill Cosey und Mutter von Christine, verkörpert dabei eine extrem negative Haltung gegenüber diesen Veränderungen. Unfähig, die Notwendigkeit und Allgemeingültigkeit der Freiheitskämpfe nachzuvollziehen, bleibt sie ihr Leben lang überzeugt, dass die Bürgerrechte ihre Familie und das Geschäft ruiniert haben, weil nun, wie sie meint, *die Farbigen mehr Interesse daran hatten, Städte in Schutt und Asche zu legen, als am Meeresstrand zu tanzen.* (L, S. 14) Doch wird diese Position deutlich relativiert, wenn es heißt, dass das, was bei May als Starrsinn seinen Anfang genommen habe, in Irrsinn endete. Der Ruin wird überdies auch als Resultat anderer Fehlentwicklungen erklärt. Heed sieht die Ursache in der Feindseligkeit der Weißen, während L sie auf das moralische Versagen Coseys zurückführt.

Eine andere, noch heiklere Frage, die von der Autorin in radikaler Folgerichtigkeit veranschaulicht wird, ist die nach der moralischen Grundlage erfolgreicher schwarzer Unternehmen während der Jim-Crow-Gesetze. Inwiefern beruhten diese notgedrungen auf der Illoyalität gegenüber der eigenen Gruppe oder sogar dem Verrat an ihr? Bill Cosey hat das Hotel mit dem *blutbefleckten* Erbe seines Vaters erworben, das dieser als Spitzel der weißen Polizei erlangt hatte. Der Sohn hat zwar seinen Vater gehasst, von dessen Untaten aber profitiert und nie daran gedacht, das Unrecht auf irgendeine Weise gutzumachen. Im Gegenteil, er hat eine beschönigte Version der väterlichen Geschichte in Umlauf gesetzt und über seine anderen Vorfahren berichtet, dass sie alle fleißige, tüchtige und begabte Handwerker gewesen seien. Im Grunde genommen war er einzig mit seinem eigenen Fortkommen beschäftigt, und seine guten Taten entsprangen eher einer Laune als einem Solidaritäts- oder Verantwortungsgefühl. *Den Vater hatte man gefürchtet; der Sohn war ein Lichtstrahl. Die Cops hatten den Vater bezahlt; der Sohn bezahlte die Cops. Was der Vater gerügt hatte, wurde vom Sohn gefeiert. Der Vater ein Geizhals? Der Sohn die Großzügigkeit selbst.* (L, S. 97) Bill Cosey wusste genau, was viele Farbige nicht zugeben wollten, *dass jedes einzelne Gesetz in diesem Land dazu dient, uns unten zu halten.* (L, S. 63) So wurde er skrupellos in Sachen Geschäft ebenso wie in seinem Privatleben, was sich verheerend auf das Leben verschiedener Frauen ausgewirkt hat. Denn hier standen ihm, als Mann und dazu noch als reicher Mann, alle Rechte zu. Was Christine mit sechzehn Jahren in Worte gefasst hatte, wussten oder ahnten auch die anderen Frauen: *Überall waren die dringenden Bedürfnisse der Männer das Maß der Dinge.* (L, S. 134) Die Auswirkungen dieser männlichen Privilegien bilden einen weiteren über-

Toni Morrison bei der MLA(Modern Language Association)-Tagung
im Dezember 2004

greifenden thematischen Aspekt des Romans, ohne dass die Autorin ihren männlichen Protagonisten – Sandler, Romen und auch
Cosey – die Fähigkeit zu Zärtlichkeit und Liebe abspricht.

Auf der Handlungsebene erzählt der Roman in neun Kapiteln
die Geschichte des ungeklärten Erbes dieses bezwingenden Mannes Bill Cosey. Um ihn drehen sich die Gedanken und Erinnerungen von fünf Frauen, die, obwohl er schon mehr als zwanzig Jahre
tot ist, nicht von ihm loskommen – Heed, Christine, Junior, Vida
und L. Jede hatte oder hat ein anderes Verhältnis zu ihm und
beurteilt ihn deshalb anders – als Freund, Vater, Behüter, Liebhaber, Wohltäter, Ehemann. Je näher ihm die Frauen standen, desto überwältigender sein Einfluss. Einen besonders dunklen Schatten wirft er über das Leben der zwei nun über sechzigjährigen
Cosey-Frauen, Heed und Christine. Einst, als kleine Mädchen, waren sie durch eine spontane und seltsam tiefe Freundschaft miteinander vereint. Doch diese kehrte sich in ihr Gegenteil, als der zwei-

undfünfzigjährige, seit langem verwitwete Bill Cosey sich entschied, die elfjährige Heed zu heiraten. Die fast gleichaltrige Christine, seine Enkelin, war nun im Weg; sie wurde auf Privatschulen und aufs College geschickt und immer nur besuchsweise toleriert, bis sie, sechzehnjährig, davonlief und erst zum Begräbnis des verhassten Großvaters wiederkam, in der Hoffnung, sein Erbe anzutreten. Während dieser Jahre fristete Heed, die weder lesen noch schreiben konnte, noch irgendetwas gelernt hatte, ein ödes, liebloses und kinderloses Leben und musste sich, nachdem Cosey das Interesse am Hotel verloren hatte, als Geschäftsfrau behaupten. Bill Cosey, in seiner Ichbezogenheit, hatte Heed die Kindheit gestohlen, Christine das Zuhause und beiden ihre Freundschaft, die einzige Gegenkraft, die sie vor einem nutzlosen und hasserfüllten Leben hätte bewahren können. Stattdessen wurden sie von den Erwachsenen dazu bestimmt, einander ein Leben lang aufs Bitterste zu bekämpfen, *als wären sie Heldinnen und nicht Geopferte.* (L, S. 203)

Auch die zwanzigjährige aufsässige und resolute Junior Viviane ist eine *Geopferte*, und wie die beiden Cosey-Frauen erscheint sie ebenfalls nicht liebenswert. Doch zeichnet Toni Morrison, wie immer, das Schicksal aller drei Mädchen mit dem ihr eigenen Zartgefühl, ohne Sentimentalität, doch so, dass das ganze Ausmaß dieser Zerstörungen sichtbar wird. Junior kennt Bill Cosey nur von seinem Porträt, das über Heeds Bett hängt und auf sie herabblickt; sie spürt seinen Geist, nennt ihn ihren *großen Freund* und flirtet mit ihm. Zugleich imaginiert sie ihn als Vaterfigur, der seine Freude an ihrem skrupellosen Abenteurergeist hat. Als dieser aber in Grausamkeit mündet, zeigt der Geist sich ihr nicht mehr. Junior ist eine von den *wilden* Frauen, wie L sie nennt. Hart und zäh, kann aber auch sie *das süße kleine Mädchen nicht verbergen, das sich da irgendwo zwischen ihren Rippen oder unter dem Herzen zusammenrollt. Natürlich haben sie alle eine traurige Geschichte zu erzählen: zu wenig Aufmerksamkeit, zu viel oder auf die schlimmste Art und Weise. Eine Erzählung von Unholdvätern und treulosen Männern, von herzlosen Müttern und Freunden, die ihnen Unrecht taten. […] und so öffnen sie lieber ihre Beine als ihre Herzen, wo sich das zusammengekrümmte Kind versteckt.* (L, S. 9) Junior erscheint als die moderne Version einer anderen wilden Frau, der Hure Celestial, Bill Coseys lebenslängliche geheime Leidenschaft.

Ein Lieblingsplatz in Toni Morrisons «Haus am Fluss», mit Blick auf den Hudson

Vida Gibbons, die vierte Frau, deren Gedanken um Mr. Cosey kreisen, ist keine wilde Frau. Sie und ihr Mann Sandler gehören einer älteren, soliden und moralisch rechtschaffenen Generation an, die sich auch in den aufregenden Zeiten der Bürgerrechtsbewegung von der Politik fern hielt, deren Einstellung aber vielleicht deshalb pessimistisch und sogar fatalistisch ist und bleibt. Ihre große Sorge gilt dem vierzehnjährigen Enkel Romen, dem aus ihrer Sicht von überall Gefahren drohen – von der Polizei, den Banden, Frauen, Geschlechtskrankheiten, Aids –, der aber ebenso rechtschaffen ist wie seine Großeltern. Intuitiv weigert er sich, bei einer Gruppenvergewaltigung mitzumachen und befreit das Mädchen. Zwar lässt er sich vorübergehend von Junior zum lieblosen harten Sex verleiten, findet aber dann sein altes besseres Selbst wieder, indem er sich der Worte seines Großvaters erinnert, der ihm zuredete, dass er nicht hilflos sei, sondern seinem eigenen, besseren Willen folgen könne. Vida und Sandler Gibbons sind Repräsentanten der ehemaligen stabilen schwarzen Gemeinden, deren Institutionen (Kirche, Schule, Hilfsorganisationen) während der Jim-Crow-Zeit als Gegenwehr zum Rassismus wirkten, Ende des 20. Jahrhunderts aber ihre Bedeutung verloren haben.

Für Vida war Bill Cosey *ein mächtiger, großherziger Freund* (L, S. 65), der ihr und ihrem Mann als Hotelangestellte gutes Geld bezahlt und den Aufstieg in den etwas ungesicherten schwarzen Mittelstand ermöglicht hat. Wie die anderen Einheimischen, die Fabrikarbeiter, Fischerfamilien, Hausmädchen, Wäscherinnen, Obstpflücker oder die Lehrerinnen aus heruntergekommenen Schulen, empfindet sie Bewunderung für Mr. Cosey und *so etwas wie einen Anspruch auf das Hotel, ein Zugehörigkeitsgefühl zu diesem legendären, erfolgreichen und von einem der ihren geleiteten Seebad [...].* (L, S. 60) Ihr Mann hingegen, den der reiche, einsame Cosey zum jungen Freund und Gesprächspartner gewählt hatte, kennt dessen zwiespältigem Charakter und beurteilt ihn viel kritischer.

Am besten aber weiß L, die fünfte Frau, über diesen Menschen Bescheid – über sein Lebenswerk und Erbe, und was die beiden Cosey-Frauen daraus gemacht haben. Auch sie lebt nicht mehr, doch ist ihre gütige und ruhige Stimme die wichtigste von allen. Sie ist die ehemalige Köchin, die ein halbes Jahrhundert in Coseys Hotel waltete und aufgrund ihrer Rechtschaffenheit nicht nur den Ausschweifungen Coseys immer wieder Zügel anlegte, sondern auch entscheidend in die Geschehnisse eingriff. Zwar durchschaut sie den Mann nicht ganz so deutlich wie die anderen Frauen, sicher ein Grund, warum sie ihm besser gewogen ist. Sie sieht ihn rückblickend als einen Menschen, *zerrissen wie wir alle von*

Zorn und Liebe. (L, S. 279) Ihre lebenslängliche Treue geht vor allem auf ihren ersten Eindruck von ihm zurück; damals sah sie, mit welcher Zärtlichkeit er seine erste Frau geliebt hatte.

Ls eigentliche Aufgabe kommt jedoch der des griechischen Chors im antiken Drama gleich – betrachtend, deutend und wertend kommentiert sie in fünf langen Passagen, die das Buch durchziehen, die seltsam verworrenen Geschehnisse und verbindet sie mit der Zeitgeschichte. In dieser Rolle fungiert sie zugleich als das Sprachrohr der Dichterin. L, die sich am Anfang beklagt, dass sich niemand mehr an ihren Namen erinnert, gibt sich am Ende zu erkennen. Sie trägt den *Namen, der Gegenstand des ersten Korintherbriefs, Kapitel dreizehn, ist.* (L, S. 278) «Die Liebe», heißt es dort, «ist langmütig und freundlich. Die Liebe eifert nicht, […] treibt nicht Mutwillen, […] blähet sich nicht auf, sie stellet sich nicht ungebärdig, sie suchet nicht das Ihre […], sie freuet sich nicht der Ungerechtigkeit, sie freuet sich aber der Wahrheit; sie verträgt alles […], sie duldet alles. Die Liebe höret nimmer auf […]». L steht demnach für die liebende und lebenserhaltende Kraft, mit der sie als Köchin im Hotel und in der Familie Bill Coseys gewirkt hat. L tritt für eine übergreifende Liebe ein, welche sie als die große menschliche Aufgabe sieht.

Dass Morrison ihrer Erzählerfigur sehr nahe steht, zeigt, dass ihr Interesse weniger der überwältigenden Leidenschaft gilt als den Möglichkeiten einer umfassenden Liebe, wie sie L ihr Leben lang verkörpert hat und immer noch predigt. Unter all den Liebesbeziehungen, von denen die Rede ist, erweist sich keine als glücklich oder Glück spendend, weder die zwischen Cosey und seiner Kindbraut oder Cosey und Celestial, noch die zwischen Romen und Junior. Auch Heeds kurzer Seitensprung bringt keine Erlösung und natürlich nicht die Kettenvergewaltigung der Schülerin durch ihre Klassenkameraden. Dagegen werden Arten der Liebe veranschaulicht, die in der Literatur bisher kaum unter diesem Begriff dargestellt wurden. Beispielhaft dafür steht die Liebe des älteren Ehepaars Vida und Sandler Gibbons. Vor allem aber geht es um die Liebe zwischen den beiden kleinen Mädchen, die die Erwachsenen nicht ernst nehmen und achtlos zerstören, weil sie nicht sehen, dass sie lebenswichtig ist: *Wenn solche Kinder sich finden, noch ehe sie wissen, zu welchem Geschlecht sie gehören oder welches von ih-*

Toni Morrison in ihrer Wohnung in Manhattan, 2003

nen hungrig und welches wohlgenährt ist; noch ehe sie Hautfarbe von fehlender Farbe, den Verwandten vom Fremden unterscheiden können, dann haben sie ein Gemenge aus Ergebung und Aufruhr gefunden, ohne das sie nie mehr sein können. (L, S. 278, leicht revidiert) Toni Morrison sieht die Fähigkeit zu einer umfassenden Liebe, wie L sie vertritt, vor allem in Kindern, die noch frei von gesellschaftlichen Vorurteilen sind.

Toni Morrison, nun vierundsiebzigjährig, ist weit entfernt davon, ihr Werk als abgeschlossen zu betrachten. Ein Buch führt zum nächsten, wobei die Fragestellung jedes Mal wieder anders und überraschend ist. Gewisse Themen und Motive wiederholen sich, nehmen aber immer die für das Romangeschehen spezifische Bedeutung an. Zurzeit arbeitet sie am nächsten Roman, über den sie, wie immer, im Voraus nichts sagen möchte. Auf die Frage, ob sie ihr Meisterwerk schon geschrieben habe, antwortete sie, ohne zu zögern: *Noch nicht*, um gleich mit einem Lächeln hinzuzufügen: *Es kommt noch*.[57]

ANMERKUNGEN

Alle Zitate aus dem Werk Toni Morrison werden nach den deutschen Ausgaben mit Siglen angegeben:

SbA   Sehr blaue Augen. Reinbek 1994
S   Sula. Reinbek 1993
SL   Solomons Lied. Reinbek 1994
T   Teerbaby. Reinbek 1994
M   Menschenkind. Reinbek 1994
J   Jazz. Reinbek 1993
D   Im Dunkeln spielen. Weiße Kultur und literarische Imagination. Reinbek 1994
P   Paradies. Reinbek 1999
L   Liebe. Reinbek 2004
R   Remember: The Journey to School Integration. Boston 2004
Conv   Danille Taylor-Guthrie (Hg.): Conversations with Toni Morrison (1994)

– Die in der Bibliographie verzeichnete Sekundärliteratur wird hier in Kurzform angeführt; kurze Zeitungsartikel, die nicht in der Bibliographie erscheinen, sind vollständig angegeben.

– Zitierte Aussagen von Toni Morrison aus Interviews, Zeitschriften, usw. wurden, wo nicht anders vermerkt, von der Autorin übersetzt.

1 TM, Rootedness, S. 340; TM, Memory, Creation, and Writing, S. 385–90
2 Löffler: Hohepriesterin, S. 11
3 In der offiziellen Geburtsurkunde steht der Name der Großmutter – Ardelia – und nicht Anthony. Siehe: State of Ohio. Department of Health. Division of Vital Statistics. Certificate of Birth.
4 Pasquier, Toni Morrison: Dans ma famille, S. 12–13
5 Obwohl die Romane Morrisons nicht als autobiographisch im engen Sinn betrachtet werden können, gibt die Autorin zu, dass die Beschreibung der Häuser, Straßen, des Sees usw. ganz ihren Erinnerungen entspricht. Conv, S. 171 f.
6 David Streitfeld: Morrison's Philosophy Rooted in Early Years. Elyria Chronicle-Telegram. 10. Oktober 1993, C 1–2; TM, Biographical Notes, Oberlin College Archive, undatiert
7 Diese und folgende Auskünfte zur Geschichte der schwarzen Gemeinde in Lorain in: Bridgman, The Negro in Lorain (1932)
8 Darlene Brown: Black Culture in Early Lorain. The Journal. Lorain, 17. Februar 1980
9 Diese und die folgenden Angaben aus: Toni Morrison: A Slow Walk of Trees (as Grandmother Would Say) Hopeless (as Grandfather Would Say). The New York Times Magazine. 4. Juli 1976, S. 104 f. Zitiert als TM, A Slow Walk of Trees
10 Strouse: Toni Morrison's Black Magic. Newsweek, 30. März 1981, S. 57
11 Strouse, S. 53
12 Todesanzeige, Lorain Journal, 10. September 1975, S. 12
13 TM, Biographical Notes, Oberlin College Archive, undatiert
14 Strouse, S. 54
15 Karen de Witt: «Song of Solomon». The Washington Post, 30. September 1977 (lexis-nexis.com / Academic Universe-Document)
16 Todesanzeige, ebd.
17 Foreword. *Song of Solomon* (2004), S. XI–XII
18 Clare Ansberry: Toni Morrison's mom recalls storytelling days in Lorain. The Journal, 12. Januar 1982
19 TM, A Slow Walk of Trees
20 TM, Foreword. *Jazz* (2004) S. XVII–XIX
21 Strouse, S. 54
22 de Witt: «Song of Solomon»
23 Frazier: The Black Bourgeoisie, S. 56–77
24 TM, Biographical Notes, Oberlin College Archive, undatiert

25 Toni Morrison: Virginia Woolf's and William Faulkner's Treatment of the Alienated. Magister These. Cornell University (1955)

26 Vgl. Fischer Weltgeschichte. Die Vereinigten Staaten von Amerika, S. 367–417; Zinn, A People's History, S. 443–467

27 African Queen Complex. Newsweek, 23. Mai 1966, S. 23

28 Dreifus, S. 73

29 Dreifus, ebd.

30 TM, Rediscovering Black History. New York Times Magazine, 11. August 1974, S. 14–24

31 Ebd.

32 TM, «A Slow Walk of Trees […]». Hier auch die folgenden Zitate und Ausführungen

33 National Book Critics Circle Award und American Academy and Institute of Arts and Letters Award für Solomons Lied

34 National Council on the Arts; American Academy and Institute of Arts and Letters; The Writer's Guild; the Author's League

35 Chris Casson Madden: Getaways: Carefree Retreats for all Seasons. New York 2000, S. 125–129

36 Als, S. 66

37 Adomako, S. 60

38 Marquardt, S. 11–23

39 TM, The Art of Fiction, S. 6–95; Weaver, S. 1 ff.

40 Zit. in: Carmean, S. 6

41 Dreifus, S. 73

42 Carmean, S. 19

43 TM, Memory, Creation, and Writing, S. 388 f.

44 Das englische Wort für Bammel, «funk, funky, funkiness», bedeutet hier nicht nur Furcht, sondern bezieht sich ebenso auf das angeblich Erd- und Naturgebundene der Schwarzen, ihre vermeintliche spontane Sexualität und sogar den angeblich ihnen eigenen Geruch. Oxford English Dictionary Online

45 Bakerman, S. 201

46 Boesenberg, S. 171

47 Conv, S. 173

48 Morrison führt zwei historische Morde an. Der vierzehnjährige Emmett Till wurde 1955 in Mississippi ermordet. Im September 1963 fielen vier farbige Mädchen einem Bombenattentat auf die in der Bürgerrechtsbewegung aktive Sixteenth Street Baptist Church in Birmingham, Alabama, zum Opfer.

49 Conv, S. 26

50 Toni Morrison [videorecording], 1987

51 Linehan, S. 302 f.

52 Linehan, S. 323

53 Programm zu Margaret Garner, Michigan Opera Theatre, 7. Mai 2005, S. 6 u. 8

54 Rodrigues, S. 740

55 TM, The Art of Fiction, S. 116–118

56 Löffler: Hohepriesterin, S. 10 f.

57 Weaver, S. 1 ff.

ZEITTAFEL

1931 12. Februar: Chloe Ardelia Wofford wird als zweites von fünf Kindern von George und Ella Ramah Wofford in Lorain, Ohio, geboren. Die ältere Schwester Lois wurde 1929 geboren, die Brüder George und Raymond folgten 1935 bzw. 1943, Robert starb kurz nach der Geburt 1938

1937–49 Besuch der Schule in Lorain. Highschool-Abschluss

1949–53 Studium an der Howard Universität (Englisch und Altphilologie)

1953–55 Magister-Studium an der Cornell University (Englisch)

1955–57 Dozentin für Englisch an der Texas Southern University in Houston, Texas

1957–64 Dozentin für Englisch an der Howard University in Washington, D.C.

1958–64 Heirat mit dem Architekten Harold Morrison aus Jamaika. Zwei Söhne, Harold Ford (geboren 1961) und Slade Kevin (geboren 1964)

1964–67 Textbuchlektorin bei einer Tochtergesellschaft des Random House Verlags in Syracuse, New York

1967 Lektorin beim Verlag Random House in New York, NY (bis 1984)

1970 *Sehr blaue Augen* erscheint

1971–72 Associate Professor für Englisch an der State University of New York at Purchase

1973 *Sula* erscheint.

1974 Herausgabe des *Black Book*

1975 *Sula* wird mit dem National Book Award ausgezeichnet

1977 *Solomons Lied* erscheint, das mit dem National Book Critics Circle Award und als Book-of-the Month Selection ausgezeichnet wird. Gastprofes-

sur an der Yale University. Wird von Präsident Carter in den National Council for the Arts aufgenommen

1981 *Teerbaby* erscheint. Toni Morrison wird in die American Academy of Arts und das Institute of Arts and Letters gewählt

1984–89 Berufung als Albert Schweitzer Professor of the Humanities an der State University of New York in Albany, NY

1986 Uraufführung des Dramas *Dreaming of Emmett* in Albany, NY

1986–88 Gastprofessur am Bard College, NY

1987 *Menschenkind* erscheint. Als «Regent's Lecturer» an der University of California at Berkeley

1988 Morrison erhält den Pulitzer-Preis und verschiedene andere Preise für *Menschenkind*

1989 Berufung als Robert F. Goheen Professor of Humanities an der Princeton University, wo sie heute noch lehrt

1992 Es erscheinen *Jazz* und *Im Dunkeln spielen. Weiße Kultur und literarische Imagination*

1993 Nobelpreis. Hausbrand

1996 National Book Award

1998 *Paradies* erscheint
Der Film *Menschenkind* mit Oprah Winfrey in der Titelrolle wird herausgebracht

1999 *Die Kinderkiste*, zusammen mit ihrem Sohn Slade Morrison, erscheint
Zusammen mit Slade Morrison erscheinen weitere Kinderbücher: *The Book of Mean People* (2002); *Who's Got Game?: The Lion or the Mouse?* (2003); *Who's Got Game?: The Ant or the Grasshopper?* (2003); *Who's Got Game?: Poppy or the Snake?* (2004)

2003 *Love* erscheint

2004 *Remember: The Journey to School Integration* erscheint

2005 Uraufführung der Oper *Margaret Garner* in Detroit von Richard Danielpour; Libretto von Toni Morrison

Weitere Ehrungen und Auszeichnungen:

- Distinguished Writer Award from the American Academy of Arts and Letters (1978)
- den Titel Commander of the Order of Arts and Letters (Paris, 1994)
- Pearl Buck Award (1994)
- National Book Foundation Medal for Distinguished Contribution to American Letters (1996)
- Premio Grinzane Cavour-Sonderpreis (2001)
- Pell Award for Lifetime Achievement in the Arts, Providence, Rhode Island (2001)
- École Nomale Supérieure, Docteures Honoris Causa, Paris, France (2003)
- Coretta Scott King Book Award for *Remember: The Journey to School Integration* (2005)

ZEUGNISSE

James Baldwin

Wir sehen immer noch über das unglaubliche Durchhaltevermögen – Toni würde sagen ‹die pure Intelligenz› – der schwarzen Frauen hinweg und ihre Fähigkeit, all das zu sein, was einen Mann zusammenhält. Toni zeigt dies mit einem Humor, der den Schlüssel zu einem sinnvollen Leben bietet.
Newsweek, 30. März 1981

Toni Cade Bambara

Die Tatsache, dass sie da ist mit ihrer schlauen, gespenstischen Stimme, inspiriert andere Menschen, sich zu entwickeln, zu fliegen.
Newsweek, 30. März 1981

Paul Logan

Ja, sie ist eine Kultfigur – vielmehr aber eine Respektsperson, die mit einem scharfen, chirurgischen Auge beobachtet. Sie ist nicht Teil des Geschehens, sie beschreibt aus der Sicht einer Außenstehenden. Toni Morrison ist eine Chronistin des schwarzen Lebens. Sie definiert – wie James Baldwin oder August Wilson auf der Bühne. Vor allem gibt sie Leuten, die nicht gehört werden, eine Stimme. […] [Das Besondere an Toni Morrison ist] die Sprache und Botschaft. Sie bedient sich der schwarzen Redewendungen, der schwarzen Spracheigentümlichkeiten. Was sie aber von den übrigen «Kultfiguren» abhebt, ist die Tatsache, dass sie nicht über die alltäglichen Dinge schreibt, sondern die schwarze Seele definiert. [Damit bewirkt sie] zweierlei. Erstens gibt sie Selbstvertrauen und den Glauben an das Gute. Zweitens kritisiert sie, wenn sich die schwarze Gemeinschaft verliert – in Selbstgefälligkeit oder im Aktivismus.
Interview, Badener Tagblatt, 1993

Henry Louis Gates

Wie William Faulkner […] definiert Morrisons neuer Roman [*Jazz*] die eigentlichen Möglichkeiten der erzählerischen Perspektive neu. Wie Duke Ellington […] hat Morrison einen Weg gefunden, paradox vielleicht, ein Ensemble von *improvisiertem* Klang aus einer *komponierten* Musik zu schaffen. Zwischen diesen zwei großen Genies variierend, hat Toni Morrison sich als eine wahrhaft originelle Romanschriftstellerin in der heutigen Welt bewiesen.
Gates/Appiah: Toni Morrison. Critical Perspectives Past and Present, 1993

Anna Mitgutsch

Seit Richard Wright hat es nicht an afroamerikanischen Stimmen gefehlt, die die amerikanische Gegenwartsliteratur bereicherten, aber keinem gelang es, dem Ghetto der Zuordnung zur «Black Literature» zu entkommen. Als Toni Morrison Anfang der achtziger Jahre erstmals ins Deutsche übersetzt wurde, kamen ihre Romane in den damals beliebten Frauenreihen heraus. Das hat sich gründlich geändert, spätestens seit sie für ihren fünften Roman *Beloved* (Menschenkind) mit dem Pulitzer-Preis und 1993, nachdem der Roman *Jazz* erschienen war, mit dem Nobelpreis ausgezeichnet wurde. Seither zählt Toni Morrison nicht nur zu den lebenden Klassikern der amerikanischen Literatur, sondern sie hält für viele den unumstrittenen ersten Platz in der Gegenwartsliteratur der USA. […]
Das Thema der Freiheit ist Toni Morrisons Hauptthema. Freiheit ist nicht nur das Gegenstück zur Versklavung aller schwarzen Vorfahren der USA, sie ist Metapher für das Paradies, für eine Sehnsucht, die jeder mit anderen Inhalten füllt und die daher stets nur ein Entwurf bleibt, eine Utopie.
Der Standard, 16. Oktober 1999

Chinua Achebe

Ich glaube, dass sie als Einzige das afrikanische Rätsel [in ihrem Roman *Menschenkind*] erforscht: die Frage, was denn mit uns passiert ist auf dem Kontinent und in der Diaspora […]. Wie konnte das geschehen? Wir, auf dem Kontinent, sind dieser Frage nicht nachgegangen. Ich glaube, dass Toni Morrison den Mut hat, sich mit ihr zu befassen. […] «Diese Tochter, die du tötest, wird zurückkommen; und wenn sie zurückkommt, wird es nicht angenehm sein.» […] Eine ähnliche Frage wird auf dem Kontinent aufkommen: «Ist es wahr, dass du deinen Bruder verkauft hast?» […] Es ist ein schreckenerregendes Rätsel, mit dem wir uns befassen müssen, wir schwarzen Menschen. *Rezension von «Menschenkind», New York Times, 9. November 2000*

Nobelpreisurkunde Toni Morrisons, 1993

Auswahl-Bibliographie

1. Werke

a) Romane

The Bluest Eye, New York 1970
Sehr blaue Augen, Reinbek 1979
  (Deutsch von Susanna Rade-
  macher)
Sula, New York 1973
Sula, Reinbek 1980 (Deutsch von
  Karin Polz)
Song of Solomon, New York 1977
Solomons Lied, Reinbek 1979
  (Deutsch von Angela Praesent)
Tar Baby, New York 1981
Teerbaby, Reinbek 1982 (Deutsch
  von Uli Aumüller und Uta Goridis)
Beloved, New York 1987
Menschenkind, Reinbek 1989
  (Deutsch von Helga Pfetsch)
Jazz, New York 1992
Jazz, Reinbek 1993 (Deutsch von
  Helga Pfetsch)
Paradise, New York 1998
Paradies, Reinbek 1999 (Deutsch von
  Thomas Piltz)
Love, New York, 2003
Liebe, Reinbek 2004 (Deutsch von
  Thomas Piltz)
Remember: The Journey to School
  Integration, Boston 2004

b) Essays (Auswahl)

Playing in the Dark: Whiteness
  and the Literary Imagination.
  Cambridge, Ma & London 1992
Im Dunkeln spielen: Weiße Kultur
  und literarische Imagination. Rein-
  bek 1994 (Deutsch von Helga
  Pfetsch und Barbara von Bertols-
  heim)
Rediscovering Black History. In: New
  York Times Magazine, 11. August
  1974, S. 14 ff.
A Slow Walk of Trees (as Grand-
mother Would Say) Hopeless (as
  Grandfather Would Say). In: New
  York Times Magazine, 4. Juli 1976,
  S. 104 ff.
Foreword. In: James van der Zee: The
  Harlem Book of the Dead, New York
  1978
City Limits, Village Values: Concepts
  of the Neighbourhood in Black
  Fiction. In: Michael C. Jaye/Ann
  Chalmers Watts, Literature and the
  American Urban Experience:
  Essays on the City and Literature,
  Manchester 1981, S. 35−43
Rootedness: The Ancestor as Foun-
  dation. In: Black Women Writers
  (1950−1980): a Critical Evaluation.
  Mari Evans (Hg.), New York, 1984,
  S. 339−345
Memory, Creation, and Writing. In:
  Thought: A Review of Culture and
  Idea, 59 (1984), S. 385−390
The Site of Memory. In: Inventing
  the Truth: The Art and Craft of
  Memoir, William Zinsser (Hg.),
  Boston, 1987, S. 103−124
Unspeakable Things Unspoken:
  The Afro-American Presence in
  American Literature. In: Michigan
  Quarterly Review 28 (1989), S. 1−34
On the Backs of Blacks. In: Arguing
  Immigration: Are New Immigrants
  a Wealth of Diversity or a Crushing
  Burden, Nicholas Mills (Hg.) New
  York, 1994, S. 97−100

c) Herausgebertätigkeit

The Black Book, verfasst von Middleton Harris. New York 1974
Race-ing Justice, En-gendering
  Power: Essays on Anita Hill,
  Clarence Thomas and the Construction of Social Reality. New York
  1992, XII−XVIII
(mit Claudia Brodsky Lacour) Birth
  of a Nation'hood: Gaze, Script, and
  Spectacle in the O. J. Simpson Case.
  New York 1997

d) Vorlesung

Lecture and Speech of Acceptance, Upon the Award of the Nobel Prize for Literature. The Nobel Lecture in Literature. New York 1994

d) Kinderbücher (Auswahl)

mit Slade Morrison, Die Kinderkiste. Reinbek 2000
Remember: The Journey toward School Integration. Boston 2004

e) Interviews

Marie-Claire Pasquier: Toni Morrison: «Dans ma famille, on racontait tout le temps des histoires». In: La quinzaine, 1. – 15. 3. 1985, S. 12 f.
Toni Morrison [videorecording]. Produced & directed by Alan Benson; edited & presented by Melvyn Bragg. Chicago, Ill.: Home Vision, 1987
Guthrie-Taylor, Danielle (Hg.): Conversations with Toni Morrison (Jackson, Miss., 1994)
Schappell, Elissa und Brodsky Latour, Claudia: Interview with Toni Morrison. «The Art of Fiction». In: The Paris Review 128, 1993, S. 82 – 125
Astrid Deuber-Mankowsky / Patrik Landolt. Das große Wissen um das Spiel der Macht. In: Jazzthetik 9 / 1993, S. 38 – 45
Toni Morrison: Le Nobel n'a pas le blues. In: L'Express 2. 10. 1993
Ein Paradies ohne Schranken. In: Süddeutsche Zeitung, Nr. 243, 20. 10. 1999, S. 21
Gefangene der eigenen Geschichte. In: Neue Zürcher Zeitung, Nr. 253, 30/31. 10. 1999
«Radikal bin ich nicht, aber unabhängig». Interview mit Diemut Roether. In: taz 6. 11. 1999
Susanne Weingarten, «Ich musste mich wehren». In: Der Spiegel 42, 1999, S. 246 – 251

Hilton Als, Ghosts in the House. In: The New Yorker, 27. 10. 2003, S. 64 – 75
Löffler, Sigrid: Hohepriesterin eines unsichtbaren Volkes. Literaturen, 10 / 2004, S. 5 – 11

2. Sekundärliteratur

Bibliographien

Middleton, David, L.: Toni Morrison. An annotated Bibliography. New York 1987
Mix, Debbie: Toni Morrison. A Selected Bibliography. In: Modern Fiction Studies, 39: 3 – 4, 1993, S. 795 – 817

a) Gesamtdarstellungen (neuere)

Bouson, Brooks J.: Quiet as it's Kept: Shame, Trauma, and Race in the Novels of Toni Morrison. Albany 1999
Carmean, Karen: Toni Morrison's World of Fiction. Troy, NY, 1993
Duvall, John N.: The Identifying Fictions of Toni Morrison. New York 2000
Furman, Jan: Toni Morrison. Columbia, SC, 1996
Gates, H. L. und Appiah, K. A. (Hg.): Toni Morrison. Critical Perspectives Past and Present. New York 1993
Matus, Jill: Toni Morrison. Manchester 1998
Peach, Linden: Toni Morrison. New York 2000
Peterson, Nancy J. (Hg.): Toni Morrison. Critical and Theoretical Approaches. Baltimore 1997
Trudier, Harris: Fiction and Folklore. The Novels of Toni Morrison. Knoxville, TN, 1991

b) Untersuchungen zu Einzelfragen

Adomako, Christina: I, too, sing America. Toni Morrison, der Nobelpreis und die Literatur der *African-American Tradition. Kommune*, Nr. 1, 1994. Frankfurt a. M., S. 60–62

Bakerman, Jane: «Man darf die Nähte nicht sehen» – Ein Interview mit Toni Morrison. Black Fiction Forum 12 (1978); deutsche Fassung in: *Sula*, S. 189–203

Boesenberg, Eva: Gender – Voice – Vernacular. The Formation of Female Subjectivity in Zora Neale Hurston, Toni Morrision and Alice Walker. Heidelberg 1994

Braß, Christine / Kley, Antje: «Will the parts hold?» Erinnerung und Identität in Toni Morrisons Romanen *Beloved* und *Jazz*. Tübingen 1997

Diedrich, Maria / Gates, Henry Louis Jr / Pedersen, Carl (Hg.): Black Imagination and the Middle Passage. New York 1999

Gutmann, Katharina: Celebrating the Senses. An Analysis of the Sensual in Toni Morrison's Fiction. Tübingen 2000

Koenen, Anne: Zeitgenössische afroamerikanische Frauenliteratur: Selbstbild und Identität bei Toni Morrison, Alice Walker, Toni Cade Bambara und Gayl Jones. Frankfurt a. M. 1985

Linehan, Thomas: Narrating the Self: Aspects of Moral Psychology in Toni Morrison's Beloved. The Yale Review: Spring 1997, S. 301–330

Löbbermann, Dorothea: Bruchstücke statt Denkmälern. Geschichte und Gedächtnis bei Toni Morrison. In: Neue Zürcher Zeitung, 9. / 10. 10. 2000, S. 51 f.

Marquardt, Daniela: Kleine Geschichte der Zuerkennung des Nobelpreises an Toni Morrison. In: Jazz. Lachen am Zürichsee: Coron Verlag, 1994, S. 11–23

Rodrigues, Eusebio L.: «Experiencing Jazz.» Modern Fiction Studies 39. 3–4, Fall / Winter 1993, S. 733–753

Strouse, Jean: Toni Morrison's Black Magic. In: Newsweek, 30. März 1981

Tally, Justine: Paradise Reconsidered. Toni Morrison's (Hi)stories and Truths. Hamburg 1999

Weaver, Teresa: Morrison's new Love. A master probes deep emotional places. In: Atlanta Journal-Constitution, 26. 10. 2003, Arts, S. 1 ff.

c) Andere wichtige Darstellungen zur afroamerikanischen Geschichte und Literatur

Bridgman, Frederick B.: The Negro in Lorain. Unveröffentlichte Magister-These. Oberlin College 1932

Davis, Charles T.: Black is the Color of the Cosmos. Essays on Afro-American Literature and Culture, 1942–1981. Hg. Henry Louis Gates Jr. New York 1982

Fischer Weltgeschichte. Die Vereinigten Staaten von Amerika. Hg. von Willi Paul Adams. Frankfurt a. M. 1999 [18]

Frazier, Edward Franklin: Black Bourgeoisie. Glencoe, Ill., 1957

Patton, Sharon: African-American Art. Oxford 1998

Woodward, C. Vann: The Strange Career of Jim Crow. New York 1974 [3]

Zinn, Howard: People's History of the United States. 1492–Present. New York 1980

d) Verfilmung

Beloved. Touchstone Pictures; Harpo Films; Clinica Estetico, Ltd.; based on the novel by Toni Morrison; Regie Jonathan Demme; screenplay by Akosua and Richard LaGravenese and Adam Brooks [Burbank, Calif.]: Touchstone Home Video: 1998

NAMENREGISTER

Die kursiv gesetzten Zahlen bezeichnen die Abbildungen.

Über die Autorin

Heidi Thomann Tewarson, gebürtige Schweizerin, lebt in den USA. Studium der Germanistik an der State University of New York at Stony Brook. 1977 Promotion über «Sachlichkeit als ästhetische Kategorie bei Alfred Döblin, 1900–1933». 1979 bis 1987 Assistant Professor für deutsche Sprache und Literatur an der Columbia University. Jetzt Professor and Chair, Department of German Language and Literatures, Oberlin College, Ohio. Veröffentlichungen über Alfred Döblin, Rahel Levin Varnhagen, u. a. «Rahel Levin Varnhagen» (Reinbek 1978, 5. Aufl. 2003), Bertolt Brecht, Marieluise Fleißer sowie zur Salonkultur um 1800, zur Frauenfrage im 19. und 20. Jahrhundert und zum Thema Judentum in der deutschen Literatur.

DANK

Die vorliegende Monographie ist in Oberlin, Ohio, entstanden, einem Ort, der, zusammen mit dem gleichnamigen College, in Toni Morrisons Romanen verschiedentlich Erwähnung findet. Er ist zudem nur wenige Meilen von ihrem Geburtsort Lorain entfernt. Es war also möglich, den Spuren ihrer Kindheit nachzugehen, Lokalzeitungen heranzuziehen und Archive zu besuchen. Vor allem danke ich hier der Black River Historical Society in Lorain, den Bibliothekarinnen der Lorain Public Library und der Oberlin College Library (Archiv und Special Collections) für ihre freundliche Hilfe. Auskünfte über Chloe Woffords/Toni Morrisons frühe Lehrtätigkeit lieferte die Bibliothek der Howard University, und hier möchte ich Albertine C. Johnson im Moorland Spingarn Research Center danken.

Toni Morrison hat mir bereitwillig Auskunft auf meine Fragen gegeben. Auch ihr danke ich hier herzlich. Bei der Bildersuche waren mir zahlreiche Menschen in Lorain behilflich. Albert Doanes Sammlung von Lorain-Memorabilien und seine Kontakte zu verschiedenen Personen waren besonders hilfreich. Valerie Smith und Ramona Flores von der Lorain Public Library danke für die Zustellung von Fotos aus ihrem Archiv. Lois Brooks, Toni Morrisons Schwester, danke ich nicht nur für die Großzügigkeit, mit der sie mir Familienfotografien zur Verfügung stellte, sondern auch für die guten Gespräche, die wir miteinander geführt haben.

Kollegen und Freunde haben die Entstehung dieser Studie mit freundlichem Interesse begleitet. Mein Dank gilt vor allem Anna Mitgutsch, Barbara Hahn und Doron Rabinovici, die das Manuskript teilweise oder ganz lasen und kommentierten. Steven R. Huff hat mir in Sachen Jazz und Bibel wertvolle Informationen und Einblicke gegeben. Mein wärmster und ganz besonderer Dank geht an Dorothea Kaufmann. Sie hat verschiedene Versionen dieser Studie über ihre amerikanische Lieblingsautorin sehr gründlich und mit liebevoller Einsicht gelesen und in mancher Hinsicht verbessert. Jack Glazier bin ich, wie immer, dankbar für alle Ermutigungen und Hilfen. Seine weit reichenden Kenntnisse afroamerikanischer (und amerikanischer) Geschichte und Kultur sind dieser Monographie zugute gekommen.